자본주의 할래? 사회주의 할래?

임승수의
방구석 경제수업

자본주의 할래? 사회주의 할래?

초판 1쇄 펴낸날 2020년 10월 12일
초판 7쇄 펴낸날 2023년 6월 21일

지은이 임승수 | **그린이** 윤수훈
펴낸이 홍지연 | **편집** 홍소연 고영완 이태화 전희선 조어진 서경민
디자인 권수아 박태연 박해연 | **마케팅** 강점원 최은 신종연 김신애 | **경영지원** 정상희 곽해림

펴낸곳 (주)우리학교 | **등록** 제313-2009-26호(2009년 1월 5일)
주소 04029 서울시 마포구 동교로12안길 8 | **전화** 02-6012-6094 | **팩스** 02-6012-6092
홈페이지 www.woorischool.co.kr | **이메일** woorischool@naver.com

ISBN 979-11-90337-48-9 43320

임승수의 방구석 경제수업

자본주의 할래?
사회주의 할래?

애덤 스미스   카를 마르크스

임승수 지음

우리학교

자본주의 VS 사회주의
토론을 시작하며

　우리는 자본주의 사회에서 살고 있지만, 막상 "자본주의가 뭐죠?"라는 질문을 받으면 어떻게 대답해야 할지 막막해 합니다. 누군가는 "시장경제가 자본주의 아니냐."라고 대답할지도 모르겠네요. 알다시피 조선 시대에도 시장이 존재했습니다. 그러면 조선은 자본주의 사회였나요? 아니지요. 그러니 시장경제가 곧 자본주의라고 할 수는 없습니다. "민주주의가 자본주의 아니냐."라고 하는 이도 있더군요. 사회주의를 표방하는 북한의 정식 국가 명칭이 조선민주주의인민공화국입니다. 사회주의 국가 명칭에 민주주의가 들어가 있는 것을 보면 민주주의가 곧 자본주의라는 생각이 얼마나 잘못된 것인지 알 수 있습니다. 우리는 자본주의 사회에 살면서도 정작 자본주의가 뭔지 모릅니다.

　그렇다면 사회주의는 뭘까요? 독재가 사회주의 아니냐고

요? 미국의 대통령 선거에서 한창 세간의 이목을 끌었던 버니 샌더스는 자신을 '민주적 사회주의자'라고 정의했습니다. 독재가 사회주의라면 어떻게 미국의 대통령 후보가 자신을 민주적 사회주의자라고 대놓고 말할 수 있을까요? 우리 민족은 6·25전쟁의 비극으로 남과 북이 다른 체제의 국가로 분단되어 있습니다. 북한은 사회주의 국가로, 남한은 자본주의 국가로 여전히 대립 중입니다. 그래서 그동안 남한 사회에서는 사회주의에 왜곡된 이미지를 덧씌웠습니다.

현재 세계의 대세는 자본주의입니다. 누구도 부정할 수 없는 현실이지요. 하지만 사회주의를 주장하는 목소리도 여전히 끊이지 않고 있습니다. 심지어 자본주의의 끝판왕 격인 미국에서 사회주의를 주장하는 버니 샌더스 같은 정치인이 큰 인기를 끌 정도니까요. 세계적 차원에서 자본주의와 사회주의의 대논쟁이 여전히 진행 중입니다. 우리 사회가 진보하기 위해서는 분단 구조로 인한 사상적 억압과 왜곡에서 벗어나, 지향해야 할 미래의 상에 대해 생산적인 논의를 할 수 있어야 합니다. 그러기 위해서는 미래를 담당할 청소년들이 자본주의와 사회주의에 대해 정확하게 이해하는 것이 필수적입니다.

이 책은 자본주의와 사회주의에 대한 정확한 이해를 목적으로 집필되었습니다. 등장인물은 저 임승수, 나소유, 오평등입니다. 1부에서는 제가 자본주의와 사회주의 개념에 대해 간략하게 설명하고, 2~4부에서는 자본주의 입장을 대변하는 나소유와 사회주의의 입장을 대변하는 오평등이 찬반 논쟁을 펼칩니다.

저는 두 사람의 토론을 논평하거나 절충안을 내지 않습니다. 두 주장이 날것 그대로 맞서고 충돌하는 게 오히려 자본주의와 사회주의를 이해하는 데에 더욱 도움이 된다고 판단하기 때문입니다. 게다가 자본주의와 사회주의의 논쟁은 현실에서도 첨예하게 진행 중이기 때문에, 섣불리 한쪽의 손을 들어주거나 절충적 판단을 내릴 수 있는 사안도 사실 아니고요.

좌파와 우파의 치열한 대립과 갈등으로 균형 잡힌 가치관을 확립하기 어려운 시기에, 이 책을 통해 청소년들이 사회 문제에 대해 공정하고 균형 잡힌 시각을 가질 수 있기를 진심으로 기원합니다.

2020년 10월

임승수

[캐릭터를 선택하세요]

나소유
▼

오평등
▼

임승수
부르주아.ver
▼

임승수
체 게바라.ver
▼

목차

1부

토론을 위한
배경지식

"

여러분의 토론을 도울 임승수입니다.
토론을 잘하려면 배경 지식이 중요하겠지요?
사자와 코끼리가 싸우면 누가 이기는지 토론하면서
사자와 코끼리에 대해 모르면 말이 안 되잖아요!
우선 자본주의에 관해 설명할게요.

"

임승수
부르주아.ver

자본주의란 무엇일까?

　우리는 자본주의 사회에 살면서도 막상 "자본주의가 뭐죠?"라는 질문을 받으면 당황합니다. 공기를 들이마시듯 자연스럽게 자본주의 안에서 살다 보니 이 사회를 객관적으로 살펴볼 기회가 없었던 것이지요. 자본주의는 그 사회의 먹고사는 방식, 그러니까 경제 시스템의 한 종류를 일컫는 말입니다. 인류 역사를 살펴보면 다양한 방식의 경제 시스템이 존재했으며, 자본주의 이전 시대에는 지금과는 먹고사는 방식이 달랐지요.

　자본주의 사회가 도대체 어떤 경제 시스템을 일컫는 말인지 명확하게 이해하려면 역사상 존재했던 다른 형태의 사회들과 비교할 필요가 있습니다. 역사를 공부하다 보면 다음과 같은 형태의 사회들을 접하게 됩니다. 원시 공산주의 사회, 노예제 사회, 봉건제 사회, 자본주의 사회, 사회주의 사회, 공산주의 사회. 이런 식으로 사회 형태를 구분할 때는 무언가 기준이 있지 않겠어요? 아무런 근거도 없이 임의대로 사회를 구분하고 나누지는 않을 테니까요. 그렇다면 그 기준은 무엇일까요? 사회 형태를 구분하는 데 가장 직접적이고 중요한 기준은 '생산관계'입니다. 좀 생소한 용어지요? 차근차근 알아봅시다.

사회의 형태는 어떻게 바뀌어 왔을까?

사람이 생존하기 위해선 우선 먹어야 합니다. 게다가 옷도 입어야 하고 집도 짓고 살아야 하고요. 현대 사회에서는 기초적인 생활필수품 외에도 텔레비전, 휴대폰, 세탁기, 의료기구, 자동차 등 수많은 재화가 필요합니다. 하지만 우리 삶에 필요한 재화가 하늘에서 떨어지거나 땅에서 솟아나지는 않아요. 바로 인간의 노동을 통해 만들어지지요. 그렇기 때문에 사람이 사회를 이뤄 생존하고 생활해 나가기 위해서는 '노동'이 필수적이며 근본적입니다. 수많은 사람이 사회의 구성원으로서 생산 활동에 참여해 노동하는데, 이때 사람과 사람 사이에 맺는 관계, 즉 '생산관계'가 시대마다 큰 차이가 납니다.

예를 들어 노예제 사회에서는 생산 활동에 참여하는 사람들이 노예주와 노예라는 신분으로 관계를 맺습니다. 노예제 사회의 '생산관계'는 '노예주-노예'인 셈이지요. 노예는 마치 물건처럼 가격이 매겨져서 노예주에게 팔립니다. 주인의 지시에 맞춰 도구나 기계처럼 부려지지요. 노예주는 노예가 열심히 일한 성과물을 노예주라는 지위를 통해 자신의 소유로 만듭니다.

노예주 ── 노예 : 노예제 사회의 생산관계

봉건제 사회는 어떨까요? 수백 년 전 중세 서양에서는 봉건영주가 대토지(장원)를 소유하고 농노들은 영주에게 토지를 빌려 농사를 지어 생계를 유지했습니다. 농노는 빌린 땅(탁영지)을 경작해 가족의 생계를 유지하지만, 해당 토지에 대한 실질적 소유권은 영주에게 있기 때문에 토지를 임의로 처분할 수는 없습니다. 농노는 토지를 빌린 대가(지대)로 영주에게 일을 해 주었습니다. 예를 들어 일주일에 6일 일한다고 치면 3일은 자신의 땅(탁영지)에서 일하지만, 나머지 3일은 직영지(영주가 직접 관리하는 땅)에 가서 일합니다. 직영지에서 나오는 농작물은 영주 차지였고요. 그러니까 일주일에 3일은 영주를 위해 일해야 하는 처지였지요. 영주는 이렇게 농노들을 동원해 일을 시켜서 재산을 축적합니다. 참고로 봉건제 사회가 발전하면서 지대는 농작물, 혹은 화폐를 지불하는 형태로 바뀌기도 했습니다. 정리하자면 봉건제 사회에서는 다음과 같은 생산관계가 형성됩니다.

영주 ── 농노 : 봉건제 사회의 생산관계

자본주의 사회는 어떨까요? 자본주의 사회에서는 노동자가 자신의 노동력*을 자본가에게 판매해 생계를 유지합니다. 자본가는 회사나 공장 같은 생산수단을 소유한 사람입니다. 이들은 노동자를 고용해 정기적으로 임금을 지급하며 일을 시킵니다. 그 과정에서 생산된 상품을 시장에 판매해 돈을 벌어들이

노동력

물건을 만드는 데에 쓰이는 인간의 정신적·육체적인 모든 능력.

지요. 노동자와 자본가는 각자의 필요에 따라 근로
계약을 맺습니다. 노동자는 계약에 따라 정해진 시
간 동안 근로를 제공하고, 자본가는 임금을 지급하
지요. 이렇듯 자본주의 사회에서는 근로계약을 통해
'자본가-노동자의 관계'를 맺고 생산 활동이 이루
어지는데, 이것을 '자본주의적 생산관계'라고 부릅
니다.

자본가 ── 노동자 : 자본주의적 생산관계

이제 자본주의 사회가 무엇인지 알겠지요? 시대
를 구분하는 가장 중요한 기준은 생산이 이루어지는
영역에서 사람들이 맺는 '생산관계'이며, 자본주의
사회의 생산 현장에서는 주로 자본가-노동자의 관
계가 형성됩니다. 바로 이러한 자본주의적 생산관계
가 노예제, 봉건제 등의 앞선 사회와 현대 사회를 가
르는 기준이 됩니다.

여기서 꼭 짚고 넘어가야 할 부분이 있습니다. 바
로 생산 현장에서 토지나 공장 같은 생산수단*을 누

생산수단

토지, 삼림, 지하
자원, 원료, 생산
용구, 건물, 교통
및 통신 수단 등
생산 과정에서 노
동의 대상이나 도
구가 되는 모든
생산의 요소.

가 소유하고 있느냐 하는 부분이에요. 노예주-노예의 생산관계에서는 노예주가 생산수단을 소유하고 있습니다. 영주-농노의 관계에서는 영주가 생산수단을 소유하고 있고요. 자본가-노동자의 자본주의적 생산관계에서는 자본가가 생산수단을 소유합니다. 반대로 노예, 농노, 노동자는 생산수단을 소유하고 있지 못합니다. 당연히 생산수단을 소유한 쪽이 사회적으로 강한 영향력을 갖게 되겠지요. 그렇기 때문에 일반적으로 노예제 사회에서는 노예주가 힘이 세고, 봉건제 사회에서는 영주가 힘이 세며, 자본주의 사회에서는 자본가가 힘이 셉니다.

그러면 이번에는 자본주의 사회가 인류 역사에 어떻게 자신의 모습을 드러내었는지 살펴볼까요? 그 과정을 살펴보면 자본주의 사회에 대해 더욱 깊이 이해할 수 있답니다. 자본주의는 서양에서 먼저 태동했으니 서양의 사례를 중심으로 이야기를 진행하겠습니다.

자본주의는 어떻게 역사에 등장했을까?

앞서 이야기했듯이 서양의 중세 시대는 귀족 영주가 보유한 토지(장원)에서 농노들이 영주에게 일정한 지대를 지불하고 빌린 땅에서 농사지어 먹고사는 사회였습니다. 지대의 형태는 영주가 관리하는 땅에 가서 일정 시간 일을 해 주는 노동 지대, 자신이 수확한 곡물의 일부를 바치는 현물 지대, 화폐로 지대를 지불하는 화폐 지대 등 다양했습니다. 어떤 방식으로든 농노는 영주에게 일정한 지대를 지불할 의무가 있었습니다. 이러한 시스템하에서는 생산수단인 토지를 틀어쥔 영주가 엄청난 권력을 갖고 있었지요.

이 귀족 영주의 기득권을 옹호하고 뒷받침하는 제도는 신분제였습니다. 귀족들은 토지를 대대손손 세습하며 부와 권력을 누렸어요. 귀족들이 그런 권리를 누리는 게 당연했다는 것이지요. 지금의 상식으로는 이해하기 어렵겠지만, 당시 대부분의 사람은 이런 신분제를 당연한 것으로 받아들였습니다.

중세 시대는 지금처럼 상업과 공업이 대규모로 발전하기 전이기 때문에 주로 농업에 의존해 먹고살았습니다. 하지만 초기에는 농업 생산력도 높지 않아 영지 내부의 구성원이 근근이 생계를 유지하는 수준이었습니다. 물론 상공업(상업과 공업)도 어느 정도 존재했지만, 경제 활동 전체에서 차지하는 비중은 농업에 비해 미미했습니다. 상공업에 종사하는 이들은 자신들의 이익을 보호하기 위한 조직을 만드는데요. 바로 길드*라는 조직입니다. 중세 초기의 상공업 생산물에 대한 수요는 해당 도시와 그 주변으로 제한되었습니다. 상인이나 장인에게는 물건을 팔 곳이 빤했던 것이지요. 그렇다 보니 상인이나 장인이 서로 협력 또는 담합해 물자의 공급을 통제하지 않으면 자칫 경쟁이 과열되어 함께 망할 수 있습니다. 예를 들어 A라는 도시에는 매년 100대의 마차가 필요합니다. 그래서 5명의 장인이 1년에 20대씩 생산해 마차를 판매해 왔습니다. 그런데 새로운 상인이 등장해 추가로 20대를 공급하면 기존 5명의 장인에게는 경제적으로 큰 타격이 되겠지요. 그런 상황을 막기 위해 서로 담합할 수 있는 조직, 즉 길드를 만들어 내부 규율을 강하게 세우고 여기에 소속되지 않은 상인이나 장인에게는 매우 배타적인 태도를 취했습니다. 이러한 봉건적, 길드적 산업 경영 방식은 한동안 중세 사회 구성원들이 필요한 물품 수요를 적절하게 조절하면서 공급할 수 있도록 했습니다.

하지만 사회가 발전함에 따라 기술력이 높아지고 생산력이 증가해서 예전보다 더 많은 물품이 생산되었습니다. 항해술이 발달해 예전에 알지 못했던 지역과도 교류하게 되면서 상업과 공업 분야도 덩달아 빠르게 성장했습니다. 그 결과 기존의 봉건적, 길드적 산업 경영 방식으로는 성장세를 더 이상 감당할 수 없었습니다. 어째서일까요? 알다시피 길드라는 조직의 기본적인 목표는 길드 조합원의 이익을 위해 생산량을 일정 수준 이하로 '통제'하는 것입니다. 그렇기 때문에 기술력과 생산력의 발전, 그리고 교역량의 폭발적 증가세에 제대로 대처하기에는 너무나 경직된 조직이었습니다.

그래서 등장한 것이 매뉴팩처*(공장제 수공업)입니다. 매뉴팩처는 기존의 길드와는 다르게 자본가에게 고용된 노동자들이 작업 지시에 따라 작업장 내의 분업*과 협업*을 통해 상품을 생산하는 방식입니다. 길드 방식으로 마차를 만드는 경우, 수레바퀴 제조공, 마구 제조공, 가구공, 선반공, 자물쇠공 등이 각자의 작업장에서 따로 일을 했지만, 매뉴팩처에서는

분업

생산의 모든 과정을 여러 전문적인 부문으로 구분한 다음 여러 사람이 나누어 맡아 일을 완성하는 노동 형태.

협업

많은 노동자들이 협력하여 계획적으로 노동하는 일.

길드

중세 시대에 상공업자들이 만든 상호부조적인 동업 조합. 서유럽의 도시에서 발달하여 11~12세기에는 중세 영주의 권력에 대항하면서 도시의 정치적·경제적 실권을 쥐었으나, 근대 산업의 발달과 함께 16세기 이후에는 쇠퇴하였다.

매뉴팩처

자본가가 노동자들을 고용하여 도구, 작업장, 원재료 따위의 생산수단을 제공하고 그들의 수공 기술을 이용하여 생산을 하게 하였던 제도. 기계 공업의 전 단계로, 16세기 중엽부터 산업혁명 때까지 서구 자본주의 사회에서 흔히 볼 수 있었다.

기계제 대공업

분산되어 있던 가내 노동자들을 하나의 공장에 모아 통일적인 지휘 아래 기계를 이용해 대량 생산을 하는 공업. 자본주의 체제에서 가장 널리 볼 수 있는 생산 형태이다.

생산 방식의 변화

사회가 발전하고 기술력이 높아지면 생산 방식에도 변화가 생긴다.

모든 기능공이 임금노동자가 되어 하나의 작업장에서 분업과 협업을 통해 일을 합니다. 이를 통해 이전 길드 방식보다 효율적이고 진일보한 생산성을 보여줄 수 있었고, 늘어난 수요에 어느 정도 대응할 수 있었습니다.

하지만 상공업의 발전 양상은 그야말로 폭발적이었습니다. 새로운 항로와 교역지가 개척되면서 해외 무역이 지속적으로 성장하는 한편, 농업 생산력의 발전으로 식량 생산이 비약적으로 증가해 상공업의 발전을 자극했습니다. 이러한 상황에 대응하기에는 매뉴팩처 방식의 생산력은 턱없이 부족했습니다. 생산력을 끌어올리기 위한 고민과 궁리 끝에 증기기관˙과 각종 기계 설비가 개발되어 도입되었고, 이를 통해 수공업 생산 방식인 매뉴팩처가 기계제 대공업˙으로 전환되었습니다. 상공업의 폭발적 발전을 주도한 세력이 바로 회사와 공장을 소유한 자본가들이었습니다.

자본가, 자신들의 세상을 건설하다

자본가는 상공업의 발전을 통해 막대한 부를 축적해 나가면서 사회적 영향력이 엄청나게 커졌습니다. 이러한 변화는 기존 사회의 권력 관계에도 큰 균열을 일으켰습니다. 앞서 언급했듯이 중세 초기에는 토지를 기반으로 한 농업이 경제 활동의 중심이었으며 상공업은 상대적으로 비중이 적었습니다. 그렇기 때문에 토지를 소유한 귀족 영주들이 사회를 지배했으며 상공업자들은 봉건 귀족의 영향력에서 자유로울 수 없었지요. 예를 들어 혁명 이전의 프랑스에서 상공업자는 제1신분(성직자)과 제2신분(귀족)에 이은 제3신분(사실상 나머지 모두)에 속했습니다. 토지를 독점하고 있으면서도 세금을 내지 않았던 성직자나 귀족과는 달리, 제3신분은 생업에 종사하며 세금 납부를 해야만 했습니다. 그러면서도 국가 공동체를 운영하는 정치에 참여할 수 있는 권리(참정권)는 주어지지 않습니다. 의무만 있고 권리가 없었던 것이지요.

하지만 상공업의 폭발적 성장을 통해 자본가(상공업자)가 막강한 경제력을 지니게 되면서 이들의 위상이 달라집니다. 성직자나 귀족보다 더 큰 경제력을 지니게 된 자본가들은 토지

를 보유하고 있는 성직자나 귀족에게만 유리한 농업 중심의 봉건 사회 시스템이 거추장스럽고 불편했습니다. 봉건 귀족들이 토지를 세습하며 배타적으로 소유하고 있었기 때문에 마음대로 공장을 지을 수 없었고, 많은 수의 사람들이 귀족의 영지에 농노로 묶여 있어서 노동자를 고용하기도 어려웠습니다. 또 길드의 규제는 상공업 발전을 가로막는 방해물이었지요.

자본가는 자신들의 이익을 위해 기존의 봉건적 사회 질서를 해체할 필요가 있었습니다. 하지만 봉건 귀족 입장에서는 무시무시한 경제력을 가진 자본가들이 반기를 드니 불안해졌습니다. 자신들은 봉건적 신분 사회가 유지되어야 기득권을 유지할 수 있으니까요. 이러한 자본가와 귀족의 갈등과 충돌이 유럽에서 정치적 격변 상황을 낳았고, 낡은 사회를 뒤엎는 혁명으로 이어졌습니다.

결국 자본가가 봉건 귀족을 누르고 혁명에서 승리하였고, 신분제를 기초로 한 봉건 질서는 해체되었지요. 드디어 자본가들은 자신이 지닌 경제력에 걸맞은 정치권력을 획득한 것입니다. 사회의 시스템, 즉 법과 제도를 새로 쓸 권력 말이지요. 자본가들은 자신이 부를 얻기 편리한 방식으로 사회 시스템을 재편했습니다. 봉건적 법과 제도가 폐지되고 자본가의 경제 활동에 유리한 법률이 제정되었습니다. 경제 활동의 자유를 보장하고 개인의 재산 소유권을 보호하는 등, 현재의 자본주의 사회가 추구하는 가치를 담은 법들 말입니다.

서양의 중세가 토지라는 생산수단을 보유한 귀족 중심의 사회였다면, 자본주의 사회는 상공업의 부상을 통해 새로 등장한 자본가가 주도하는 사회입니다. 노골적으로 이야기하자면 자본주의 사회는 자본가가 주인이 된 사회라 할 수 있습니다. 자본가는 회사와 공장 같은 생산수단을 소유하고 자신의 의지대로 통제하고 운영할 수 있습니다. 이러한 권한은 자본주의 사회의 법률로써 보장받습니다. 자본가의 권한을 뒷받침하는 법률적 장치로서 가장 중요한 것은 바로 '소유권'입니다. 생산수단에 대한 소유권을 법적으로 인정받기 때문에 그들의 배타적인 권한이 정당화되지요. 그런 이유로 자본주의 사회의 법과 제도를 구체적으로 뜯어보면 개인의 소유권과 재산권을 매우 중시한다는 사실을 알 수 있습니다. 마치 봉건 시대에 귀족과 성직자의 권리를 그 무엇보다 우

계급

일정한 사회에서 신분, 재산, 직업 따위가 비슷한 사람들로 형성되는 집단. 또는 그렇게 나뉜 사회적 지위.

선시했던 것처럼요.

정리하자면 자본주의 사회는 회사나 공장 같은 생산수단을 소유한 자본가 계급*, 그리고 생산수단을 소유하지 못해 자신의 노동력을 자본가에게 판매하고 임금을 받아 생계를 유지하는 노동자 계급, 즉 자본가-노동자의 생산관계가 그 사회의 주도적 생산관계를 형성하는 사회입니다. 자본주의 사회의 탄생과 성장 과정을 살펴보면, 상공업의 발전을 주도한 자본가 계급이 중요한 역할을 했음을 알 수 있습니다. 자본주의 사회의 제반 법과 제도 역시 자본가 계급의 경제 활동에 유리한 방식으로 설계되어 있음을 알 수 있지요.

어때요? 사회주의자 체 게바라 같나요?
체 게바라는 쿠바의 유명한 사회주의 혁명가예요.
이제부터는 또 다른 경제 시스템인 사회주의에 관해서 설명할게요.
'지피지기 백전불패' 아시죠?
상대를 알고, 나를 아는 것, 토론에서도 참 중요하답니다.

임승수
체 게바라.ver

사회주의란 무엇일까?

　사회주의는 생산수단을 특정 개인이 아니라 사회적으로 소유한 시스템입니다. 자본주의에서는 개인 혹은 특정 집단의 생산수단 소유권을 법적으로 보장합니다. 그렇기 때문에 개인이나 특정 집단이 공장이나 회사 같은 생산수단을 마음대로 운영하거나 처분할 수 있습니다. 하지만 사회주의에서는 공장이나 회사 등의 생산수단을 개인 혹은 특정 집단이 마음대로 소유하고 처분할 수 없습니다. 왜냐하면 생산수단이 사회의 공동재산, 즉 공공재이기 때문입니다.

이윤 추구가 목적인 자본주의 기업 vs
공공 이익이 목적인 사회주의 기업

사회주의와 자본주의는 기업이나 회사를 운영하는 방식이 다릅니다. 자본주의에서는 기업을 소유한 자본가가 이윤을 목적으로 회사를 운영합니다. 이윤 추구가 지상 목표인 것이지요. 정규직 대신 비정규직을 선호한다거나, 구조조정* 명목으로 노동자를 대규모로 정리해고*하는 극단적인 조치를 하는 것도 알고 보면 인건비를 줄여 기업의 이윤을 극대화하기 위해서입니다.

반면 사회주의의 기업 운영 목표는 이윤 추구가 아닙니다. 사회 구성원에게 필요한 재화를 생산해 제때 공급하는 것이 최우선 과제인 것이지요. 자본주의 시스템에서만 살다 보니 감이 잘 안 잡히나요? 국민건강보험공단 같은 공기업을 떠올리면 이해가 쉬울 것 같네요. 국민건강보험공단은 수많은 사람이 일하는 거대 기업입니다. 하지만 공단의 목적은 이윤 추구가 아닙니다. 남녀노소, 빈부를 막론하고 국

구조조정

기업의 기존 사업 구조나 조직 구조를 보다 효과적으로 개선하기 위해 실시하는 구조 개혁 작업.

정리해고

경영이 악화된 기업이 경쟁력 강화와 생존을 위해서 구조조정을 할 때 고용인을 해고할 수 있는 제도.

민 누구나 의료 서비스를 이용할 수 있는 공공보험을 제공하는 것입니다. 이를 통해 국민 건강을 증진하는 것이지요. 이러한 목표 달성을 위해서 상황에 따라 일시적으로 적자를 감수하기도 합니다. 당장 수익을 내는 것이 공단의 목표가 아니기 때문이지요.

사회주의는 바로 이러한 형태의 기업조직이 대세를 이루는 시스템입니다. 기업이 공공서비스의 차원으로 사회 구성원에게 재화나 서비스를 공급합니다. 기업이 그러한 방식으로 조직되고 운영되면 대부분의 노동자가 공무원 비슷한 신분이 되겠지요. 물론 자본주의 체제와 사회주의 체제는 근본적으로 다르므로 자본주의 내의 공기업과 사회주의 기업의 운영방식이 완전히 동일하다고 볼 수는 없습니다. 하지만 이해를 돕기 위해서 공기업의 예를 들어 설명하는 것입니다.

사회주의 기업은 의사결정 구조도 자본주의 기업과 다릅니다. 자본주의 기업은 자본가가 이윤 추구를 목적으로 이런저런 계획을 세우고 자신이 고용한 노동자에게 업무를 지시합니다. 소유권을 가진 자본가에게 기업의 운영과 의사결정 권한이 집중된 시스템이지요. 하지만 사회주의 기업은 공공재이기 때문에 공동체 구성원의 토론과 정치적 의사결정을 통해 수립된 계획을 기초로 생산 활동이 이루어집니다. 생산수단에 대한 소유권이 공동체 구성원 전체에게 있으니 공동체의 이해와 요구를 모아 내는 정치적 의사결정이 중요해지는 것이지요. 유권자들에 의해 선출된 국민의 대표들이 사회 전체 구성원의 이해와 요구를 대변해 경제계획을 수립하고, 각 기업은 경제계획에 맞게 생산 활동을 벌입니다.

예를 들어 국민건강보험공단은 국민의 여론을 수렴해 내린 정치적 결정에 따라 건강보험료를 정합니다. 또 통계 자료와 연구 결과를 토대로 소요되는 인력과 재원을 필요한 분야에 투입합니다. 자본주의 기업의 의사결정 구조와는 확연히 다르지요?

이렇듯 사회주의 국가에서는 정치적 의사결정 과정을 거쳐 수립된 계획을 토대로 계획경제가 실시됩니다. 사회 구성원에게 필요한 기본적인 생필품뿐만 아니라, 다양한 욕구를 충족시킬 수 있는 재화와 서비스를 제공하기 위해 국가가 민주적인 토론 과정을 거쳐 나름의 계획을 수립해 생산 활동을 조직하고 개입하는 것이지요.

자본주의의 모순 때문에 사회주의가 탄생했다고?

사회주의가 등장하게 된 배경은 자본주의가 성장하고 발전하는 과정에서 일어나는 부작용과 연관이 깊습니다. 자본주의 사회의 특징은 재화와 서비스의 상품화, 그리고 화폐경제에 있습니다. 상품이란 뭘까요? 내가 집에서 옷을 직접 만들어서 입고 다니면 상품이 아니지만, 그걸 내다 팔면 상품입니다. 상품은 판매와 교환을 목적으로 생산되는 재화나 서비스를 일컫습니다. 자본주의 사회에서는 우리 삶에 필요한 거의 모든 재화나 서비스가 가격이 매겨져서 판매됩니다. 옛날 사람들은 봉이 김선달이 대동강 물을 팔아먹었다고 희대의 사기꾼이라고 했는데, 지금은 마트에서 버젓이 물을 팔고 있습니다. 우리가 사용하는 물건 중에 과연 직접 만들어서 쓰는 게 얼마나 될까요? 대부분은 돈을 주고 구입한 상품입니다.

자본주의 사회에서 상품화가 급격히 진행됨에 따라서 화폐가 갈수록 중요한 위치를 차지하게 됩니다. 직접 농사를 짓고 옷도 만들어 입던 자급자족 경제에서는 화폐의 역할이 경제활동에서 차지하는 비중이 크지 않았습니다. 하지만 상공업이 발전함에 따라 화폐의 역할이 커졌고, 재화나 서비스의 상품화를 특징으로 하는 자본주의 시스템에서는 화폐가 경제에서 결정적 역할을 하게 됩니다. 공인된 화폐가 거래의 매개물이자 가치의 척도, 그리고 부의 축적 수단으로 사용되면서 사람들은 더 많은 화폐를 갖기 위해 노력을 다합니다. 일종의 화폐 모으기 게임이 벌어진 것이지요. 더 많은 화폐를 보유할수록 더 많은 부를 축적하게 되니까요.

자본주의 경제에서 막강한 힘을 가진 이들은 기업이나 공장을 소유한 자본가입니다. 자본가는 자신이 소유한 회사에서 생산한 상품을 판매해 부를 축적합니다. 물론 상품을 판매한 돈이 전부 자본가의 몫은 아닙니다. 원료비, 기자재비, 인건비 등의 비용을 공제하고 남은 돈, 그러니까 이윤이 자본가의 몫이 되는 거지요. 자, 그렇다면 자본가는 이윤을 극대화하기 위해 어떻게 행동할까요? 상품을 최대한 많이 팔면서, 비용은 가능한 한 줄여야겠지요. 그런 이유로 자본가는 자신에게 돌아오는 몫(이윤)을 늘리기 위해 원료비, 기자재비, 인건비 등을 줄이려고 노력합니다.

여기서 특히 인건비는 노동자에게 임금으로 지급되는 부분인데요. 노동자의 임금 역시 자본가의 회계장부에서는 어떻게든 줄여야 할 비용입니다. 자본가가 상품 생산을 늘리면서, 그와 동시에 비용을 줄이려면 노동자를 어떻게 활용해야 할까요? 더 오래, 더 열심히 일하도록 노동자를 다그치고 그와 동시에 임금은 최대한 줄여야 합니다. 물론 노동자 입장에서는 그런 대접을 받고 싶지 않겠지만, 자본주의 태동기에는 지금처럼 노동자를 보호하는 법률이 존재하지 않았기 때문에 여러모로 노동자에게 불리한 상황이었습니다.

게다가 기계장치가 도입되어 인간이 하던 일을 대체하고, 분업이 확대되면서 일련의 작업 과정이 여러 개의 단순 반복 작업으로 재구성됐습니다. 그 결과 노동은 단조롭고 지겨운 일이 되었습니다. 찰리 채플린의 걸작 영화 〈모던 타임스〉는 그러한 생산 현장의 적나라한 모습을 풍자적으로 담아냈지요. 기계의 도입으로 육체적 힘에 대한 의존도가 약화되면서 여성이나 어린이도 남성이 하던 업무를 대체할 수 있게 되었습니다. 성인 남성, 성인 여성, 어린이가 일자리를 놓고 경쟁하다 보니 임금 수준이 전보다 낮아지게 됩니다. 기계의 운동 속도가 증가함에 따라 노동 강도도 강화되고, 자칫 다른 이에게 밀려 일자리를 잃을 수도 있다는 불안감에 엄청난 노동 강도와 긴 노동 시간도 감수하는 분위기가 형성됩니다. 노동자는 임금으로 생계를 해결하니, 자본가에게 고용되어 노동하는 동

안에만 생존할 수 있기 때문입니다.

자본가는 노동자에게 지급한 인건비보다 더 많은 돈을 벌수 있을 때만, 그래서 자신이 이윤을 낼 수 있는 상황에서만 노동자를 고용합니다. 예를 들어 추가로 노동자를 고용하는 데 100만 원이 든다면 최소한 그 인건비를 벌충하고도 남길 수 있어야 고용한다는 의미입니다. 결국 자본주의 사회에서 노동력은 시장에서 가격이 매겨져 거래되는 상품이며, 노동자를 고용할지 말지 결정하는 권한은 전적으로 생산수단을 소유한 자본가에게 있습니다. 게다가 언제든지 자신을 대체할 수 있는 실업자가 대규모로 존재하니, 노동자는 자본가와의 협상에서 불리할 수밖에 없습니다. 목구멍이 포도청인 노동자들은 장시간의 고된 노동과 저임금에 시달리면서도 언제 해고될지 모르는 불안에 떨 수밖에 없습니다. 산업혁명 초기에는 초등학생 나이의 어린이조차 16시간에 이르는 살인적인 노동에 내몰리게 된 것도 바로 이러한 현실 때문이었습니다. 차라리 과거의 노예나 농노 처지가 더 낫겠다 싶을 정도였지요. 노예는 주인의 재산이니 다쳐서 재산상 손해가 발생하지 않도록 나름 신경 써서 사용하지만, 노동자는 자본가의 소유물이 아니니 책임질 필요도 없어 더 거칠게 다뤘습니다. 지금처럼 산업재해*에 관한 법률조차 없었으니까요.

노동자의 상황이 비참할수록 자본가는 더 많은 부를 축적했습니다. 노동자가 장시간 노동에 시달리고 저임금에 고생할수록 자본가는 더 많은 이윤을 챙길 수 있었으니까요. 자본가들이 유독 성질이 고약한 사람들이라 그런 행동을 한 것은 아닙니다. 자본가 역시 시장에서 다른 자본가와 경쟁을 해야 했습니다. 그 치열한 적자생존의 전쟁터에서 살아남아 승자가 되기 위해서는 이윤을 극대화해야 했지요. 독보적인 기술력이 있는 게 아니라면 결국 인건비를 줄이기 위해 노동자들을 더욱 쥐어짜야 했으니까요. 한번 생각해 보세요. 기술 수준이 고만고만한 빵 만드는 회사가 여럿 있다고 합시다. 그중에 인건비 지출이 많아서 이윤이 적은 회사와 인건비를 최대한 아끼고 노동 강도를 높여 이윤이 상대적으로 많은 회사 중 어느 회사가 시장경쟁에서 승리할 가능성이 높을까요? 이윤이 많은 회사는 새로운 기술을 개발하고 생산 설비 확충에 투자할 수 있겠지요. 반면 이윤이 적은 회사는 간신히 명맥을 유지하다가 도태될

산업재해

노동 과정에서 작업환경 또는 작업 행동 등 업무상의 사유로 발생하는 노동자의 신체적·정신적 피해.

가능성이 높습니다. 이렇게 치열한 시장경쟁에서 살아남기 위해 자본가들은 너나 할 것 없이 노동자들을 열악한 근로조건으로 몰아넣게 되었습니다.

자본주의가 성장하고 발전할수록 사회의 다양한 영역에서 자본가-노동자의 자본주의적 생산관계가 확립되어 전체 인구에서 노동자가 차지하는 비중이 급격하게 증가합니다. 사회 구성원 중에서 다수를 차지하는 노동자의 처지가 이렇게 참혹한 상황이 되면, 그 사회의 분위기가 좋을 수 있을까요? 소수 자본가는 엄청난 이윤을 벌어들이며 온갖 호사와 사치를 누리는데 다수인 노동자는 종일 일하고도 가난을 벗어날 수 없으니, 노동자들의 불만과 분노가 치솟았겠지요.

비참한 현실에 분노한 노동자들의 투쟁이 곳곳에서 일어나기 시작했습니다. 하지만 돈도 없고 빽도 없는 노동자는 힘이 약합니다. 노동자 개개인의 역량과 활동만으로는 사회적으로 유의미한 변화를 일으키기 어려웠습니다. 그래서 노동자들이 뭉치기 시작했습니다. 자신의 일터에서 뭉치고, 다른 공장의 노동자들과도 뭉치고, 지역을 넘어 전국적으로 노동자들이 뭉쳐서 노동조합*을 만들었습니다. 그랬더니 사회적으로 무시할 수 없는 힘과 영향력을 갖게 되었습니다. 그렇게 단결한 노동자들의 목소리가 여론화되고 공감을 얻어 노동자의 권리를 보호하는 일련의 법이 제정되었습니다. 노동시간을 과도하게 연장하지 못하도록 규제하는 법, 정당한 사유 없이 노동자를 해고할 수 없도록 하는 법, 산업재해에 관한 법, 최저임금에 관한 법 등이 그것이지요.

이렇게 노동자들이 노동조합을 만들어 자신의 목소리를 내자 근로 조건과 환경이 개선되었고, 그 과정에서 노동자들의 의식 또한 성장했습니다. 이러한 경험과 지식이 축적되니 노동자들은 단순히 근로조건 개선의 문제를 넘어 자본주의 사회에서 일어나는 빈부격차와 불평등 문제의 근본 원인을 고민하게 되었습니다. 사실 자본가가 없어도 공장은 멀쩡하게 돌아가지만 노동자가 없으면 공장은 돌아갈 수 없습니다. 대부분의 일은 노동자가 하는데 왜 자본가는 막대한 돈을 벌고 노동자의 삶은 팍팍할까? 왜 일터에서 자본가는 항상 지시하는 위치이고 노동자는 지시받는 입장일까? 일터는 왜 이렇게 비민주적일까? 이러한 근본적 고민 속에서 사회주의 사상이 탄생하

근로기준법

노동자의 인간다운 생활을 보장하기 위하여 근로 조건의 최저기준을 정한 법을 말한다. 헌법 제32조 제3항에서는 "근로 조건의 기준은 인간의 존엄성을 보장하도록 법률로 정한다"고 규정하였다. 이 규정에 따라 근로 조건의 기준을 정한 법이 바로 근로기준법이다.

최저임금법

노동자에 대하여 임금의 최저수준을 보장하여 노동자의 생활안정과 노동력의 질적 향상을 꾀함으로써 국민경제의 건전한 발전에 이바지하는 것을 목적으로 국가가 임금의 최저기준을 정하여 사용자에게 이를 강제하는 법이다.

노동조합 및 노동관계조정법

노동자가 노동조합을 결성하여 단체교섭과 단체활동을 통해 근로 조건을 유지·개선할 것을 정한 법을 말한다. 헌법 제33조 제1항에서 정한 노동기본권을 구현하기 위한 법률로서 노동운동을 보장하고 다른 한편 그 한계를 정한 법이다.

노동법

노동자의 권리를 보호하기 위해 만들어진 법이 바로 노동법이다. 30여 가지의 법령 중 주요한 몇 가지를 살펴보자.

고 성장한 것입니다.

　사회주의 사상가들은 자본주의 사회에서 발생하는 엄청난 불평등의 근본 원인이 자본가가 생산수단을 독점적으로 소유하기 때문이라고 보았습니다. 마치 봉건 사회에서 지주가 토지를 독점적으로 소유하기 때문에 농노를 착취할 수 있었듯이, 자본가는 공장이나 회사를 소유하고 자신의 뜻대로 운영하고 통제할 수 있기 때문에 노동자를 착취할 수 있는 것이지요.

　자본가가 자기 돈 들여서 만든 회사이고 공장인데, 자기 맘대로 운영하는 게 당연한 것 아니냐고 주장할 수도 있습니다. 게다가 노동자한테도 일한 대가로 약속한 임금을 지급했는데 뭐가 문제냐고 반박할 수도 있고요. 자본주의 시스템은 원래 그렇게 돌아가는 거니까요. 하지만 사회주의 사상가들은 자본주의 시스템을 통상적인 시각과는 다른 관점에서 분석합니다.

마르크스, 빈부격차의 비밀을 밝히다

　저명한 사회주의 사상가 카를 마르크스*는 자본주의 사회에서 자본가 계급은 부자가 되고 노동자 계급은 가난해질 수

카를 마르크스

19세기 독일의 사회주의 사상가이자 날카로운 자본주의 비판으로 유명한 『자본론』의 저자. 공상적 사회주의를 넘어 과학적 사회주의의 기초를 정립했다.

밖에 없는 이유를, 불후의 명저 『자본론』에서 수식으로 증명했습니다. 일반적으로 우리는 임금이 '노동의 대가'라고 생각합니다. 한마디로 자기가 일한 양만큼 돈으로 보상받는다는 이야기지요. 하지만 마르크스는 그러한 생각이 잘못됐음을 논증합니다. 노동자들이 직장에서 받는 임금은 노동자가 수행한 노동량에 비해 필연적으로 적을 수밖에 없으며, 그 차액이 자본가에게 이윤으로 돌아간다는 것을 증명한 것이지요. 이 내용은 상당히 중요하기 때문에 분량을 좀 할애해서 그 논리 전개 과정을 다루겠습니다.

사용가치와 교환가치

마르크스는 자본주의를 분석하면서 '상품'을 출발점으로 삼았습니다. 자본주의 사회에서는 우리에게 필요한 거의 모든 재화나 서비스가 돈으로 거래되는 상품이 됩니다. 저 역시 상품으로 팔기 위해 책을 씁니다. 마르크스는 어떤 것이 상품이 되기 위해서는 두 가지 속성을 가져야 한다고 했습니다. 바로 '사용가치'와 '교환가치'입니다.

사용가치는 쓸모가 있어야 한다는 의미입니다. 작가가 쓴 글이라도 모두 상품이 되지는 않지요. 페이스북에 올린 일기만도 못한 글이 팔리지는 않습니다. 하지만 자본주의와 사회주의의 논쟁을 담은 이 책은 시장에서 판매될 수 있습니다. 관련 지식을 얻고 싶은 사람들에게 쓸모가 있기 때문이지요.

그러면 쓸모가 있다고 다 상품이 될까요? 우리가 들이마시는 공기는 쓸모가 있는 정도가 아니라 생존하는 데 반드시 필요합니다. 그렇다고 제가 비닐봉지에 공기를 담아 팔 수 있을까요? 누구도 저에게 공기를 구입하지 않을 겁니다. 왜 그럴까요? 사용가치는 있지만, 교환가치가 없기 때문입니다.

그렇다면 교환가치란 도대체 무엇일까요? 마르크스는 다양한 상품을 관통하는 공통된 요소를 발견합니다. 바로 '노동'입니다. 스마트폰을 만들려면 누군가의 노동이 필요하고 쌀을 생산하려고 해도 역시 노동이 필요합니다. 책을 쓰는 데에도, 머리카락을 보기 좋게 자르는 데에도 노동이 투입됩니다. 이러한 점을 염두에 두고 생각해 보면, 결국 텔레비전과 스마트폰이 시장에서 상호 교환된다는 의미는 자명합니다. 텔레비전을 만드는 데에 투입된 노동과 스마트폰을 만드는 데에 투입된 노동을 교환하는 것이지요. '노동의 결과물'이어야 교환가치를 갖게 된다고 이야기할 수 있습니다.

앞서 말한 페이스북 일기는 노동의 결과물이지만 쓸모가 없습니다. 공기는 쓸모(사용가치)가 있지만, 인간 노동의 결과물이 아니니 교환가치가 없습니다. 아무런 품도 들이지 않고 얻을 수 있는 공기가, 품을 들여야만 얻을 수 있는 여타 상품과 교환될 리 없으니까요. 즉, 사용가치(쓸모)와 교환가치(노동의 결과물)를 가진 것만이 상품이 될 수 있습니다.

가격과 노동가치론

다음 단계로 상품의 교환 비율을 의미하는 '가격'을 살펴볼까요? 일반적으로 가격을 결정하는 핵심 요소는 수요와 공급이라고 배웁니다. 하지만 고급 자동차가 공급은 넘치는데 수요가 없다고 가격이 1만 원이 되지는 않지요. 반면에 종이컵의 공급이 턱없이 부족한데 수요가 폭증했다고 해서 가격이 1억 원으로 오르지는 않습니다. 수요와 공급의 변화는 가격의 등락을 설명할 수는 있지만, 왜 고급 자동차는 1억 원대에서 가격이 오르내리고, 종이컵은 그보다 훨씬 낮은 가격대에서 오르내리는지 설명할 수 없습니다.

마르크스는 상품의 가격을 설명하는 과정에서 '노동가치

론'을 주장합니다. 노동이 가치를 창출하는 근원이며, 상품이 시장에서 교환되는 비율은 해당 상품을 만드는 데에 평균적으로 소요되는 노동시간에 의해 규정된다는 의미입니다. 즉, 1만 원짜리 상품을 만드는 데에 평균적으로 1시간이 걸린다면 10만 원짜리 상품 제작에는 10시간이 걸린다는 이야기지요. 가만히 보면 비싼 물건은 대체로 만드는 데에 시간이 오래 걸립니다. 집, 자동차, 비행기, 빌딩이 다 그러하지요. 종이컵은 만드는 데에 시간이 적게 드니 상대적으로 가격이 저렴할 거고요.

가격이란 게 정말로 노동시간을 반영한 것이냐? 1만 원짜리 만드는 데 1시간 걸리면 10만 원짜리는 진짜 10시간 걸리느냐? 수요와 공급의 변화, 브랜드의 차이 등에 따라 가격이 달라지는데 어떻게 노동시간이 가격을 결정한다고 말할 수 있느냐? 라는 반론을 제기할 수 있습니다.

중력가속도인 $9.8m/s^2$를 이용해 지상으로부터 일정 높이에 있는 물체의 자유낙하 시간을 간단하게 계산하는 식이 있습니다. 이 식으로 계산하면 지상으로부터 같은 높이에 있는 모든 물체는 동시에 지면에 닿는 결과가 나옵니다. 하지만 현실에서는 공기의 영향, 물체의 구성 성분과 형태에 따라 다른 결과가 나옵니다. 얇고 넓은 종이와 무거운 쇠공이 동시에 자유낙하하면 무거운 쇠공이 훨씬 먼저 떨어지니까요. 그러면 이 자유낙하 계산식은 아무런 의미가 없을까요? 그렇지 않습니다. 해당 식은 자유낙하 운동에서 중력이라는 핵심적 요소가 작용하는 방식에 대한 통찰을 제공하기 때문에, 자연현상을 이해하고 예측하는 큰 그림을 그리는 데에 도움이 됩니다. 게다가 공기 저항 등 여타 요소를 추가해 분석하면 현실에 더욱 근접할 수 있고요.

　노동가치론 역시 마찬가지입니다. 노동가치론을 주장한다는 것은, 현실에서 상품의 가격이 그것의 제작에 소요된 노동시간에 정확하게 비례한다고 이야기하는 게 아닙니다. 상품의 가격, 즉 교환비율을 결정하는 요소는 여러 가지가 있지만, 그중에서 (마치 중력가속도처럼) 핵심적인 요소가 노동시간이라고 본 것입니다. 그래서 우선 다른 요소들을 배제하고 (중력가속도의 경우처럼) 노동시간에 비례하는 추상적 모델을 만들어 큰 틀에서의 구조와 경향성을 분석합니다.

노동시간과 잉여가치
마르크스에게 상품은 인간의 노동시간이 투입된 결과물입

니다. 빵을 만드는 과정을 살펴보면, 원재료인 밀가루를 만드는 데 투입된 노동시간, 제빵 기계를 만드는 데 투입된 노동시간, 원재료와 제빵 기계를 사용해 빵을 만드는 제빵 노동자의 노동시간 등이 있습니다. 이 모든 시간이 어우러져 최종적으로 빵이 생산됩니다. 그러니 빵에는 여러 분야의 노동자가 수행한 노동시간이 모자이크처럼 붙어 있다고 볼 수 있겠지요.

노동가치론의 입장에서 보면 상품의 가치는 '온전히' 노동자의 정신적, 육체적 노동에 의해 형성됩니다. 그런데 막상 빵을 판매해 발생한 수익은 '온전히' 노동자에게 돌아오지 않습니다. 구체적으로 예를 들어 설명해 볼까요? 화폐 1만 원이 갖는 가치가 노동자의 1시간 노동에 해당한다고 가정할 때 1만 원을 주고 구입한 상품은 만드는 데에 1시간 걸리고, 5만 원짜리 상품은 5시간 걸립니다. 그리고 빵 공장에서 일하는 노동자 한 명이 하루에 8시간 일해서 8개의 빵을 생산한다고 가정합시다. 1시간에 하나 만드는 꼴이죠. 빵 8개의 가격은 총 24만 원(빵 1개의 가격 3만 원)이라고 합시다. 이 내용을 수식으로 표현하면 아래와 같습니다.

1만 원=1 노동시간

제빵 노동자의 8시간 노동 ⇒ 빵 8개 생산

빵 8개의 가격=24만 원

화폐 1만 원이 노동자의 1시간 노동에 해당하니, 빵 8개를 생산하는 데에는 총 24시간이 투입된다는 이야기지요. 빵 8개를 만드는 데 투입된 노동시간의 구성은 아래와 같다고 가정합시다.

빵 8개 (24 노동시간)

A: 밀가루 생산 (8 노동시간) ⇒ 8만 원

B: 제빵 기계 감가상각 (8 노동시간) ⇒ 8만 원

C: 노동자의 제빵 노동 (8 노동시간) ⇒ 8만 원

빵을 만드는 원재료인 밀가루를 생산하는 데 소요된 노동시간은 8시간입니다. 돈으로 환산하면 8만 원이죠. 빵 8개의 생산하기 위해 사용한 제빵 기계의 감가상각(빵을 제조하는 과정에서 소모되는 기계의 가치)은 8만 원입니다. 또 제빵 노동자가 빵 8개를 생산하는 데 소요된 노동시간이 8시간입니다.

빵 공장 사장은 빵 8개를 판매해서 24만 원을 벌었습니다.

밀가루(8만 원)와 제빵 기계(8만 원) 비용을 공제하면 8만 원이 남습니다. 만약 임금이 '노동의 대가'라면 노동자는 8시간에 해당하는 8만 원을 일당으로 받아야겠지요. 하지만 그렇게 임금을 지급하면 사장에게는 이윤이 남지 않습니다. 그래서 사장은 노동자에게 3만 원의 일당만 지급하고 남은 5만 원을 이윤으로 가져갑니다.

이 상황을 노동자의 입장에서 들여다볼까요? 제빵 노동자는 하루에 8시간을 노동했습니다. 하지만 일당에 해당하는 노동시간은 3시간(3만 원)이고, 5시간(5만 원)의 노동은 자본가가 이윤으로 가져갔습니다. 하루에 3시간은 나 자신을 위해 일했지만, 5시간은 자본가를 위해 일했다는 뜻입니다. 빵 공장에서 100명의 노동자가 같은 조건으로 일하고 있다면, 자본가는 한 명당 5시간씩 총 500시간(500만 원)을 이윤으로 벌어들이는 셈이죠. 이처럼 자본가의 이윤을 위해 빼앗긴 노동자의 시간을 마르크스는 '잉여가치'라고 부릅니다. 자본주의 사회의 빈부 격차는 바로 이러한 시간 도둑질에서 발생합니다.

노동의 대가와 노동력의 대가

노동자가 받는 임금이 일한 만큼 받는 '노동의 대가'가 아

니라면 도대체 무엇일까요? 마르크스는 임금을 '노동의 대가'가 아니라 '노동력의 대가'라고 했습니다. 노동력의 대가라는 표현이 의미하는 바는 이렇습니다. 인간이 노동력, 즉 노동할 수 있는 육체적, 정신적 상태를 유지하기 위해서는 기본적인 의식주를 해결할 수 있는 물질적 여건이 제공되어야 합니다. 밥도 먹어야 하고 의복과 주거 공간도 필요합니다. 덧붙여 자본주의 시스템이 유지되기 위해서는 자식을 낳아 키울 수 있어야겠지요. 그래야 기존 노동자의 수명이 다해도 새로운 피가 지속적으로 수혈될 수 있으니까요. 노동자는 자신이 받은 임금으로 이러한 문제들을 해결합니다. 그러니 임금이란 결국 인간이 자본주의 사회에서 생존하고 번식하며 노동력을 유지하는 데 소요되는 돈입니다. 일한 만큼 받는 것과는 아무런 연관이 없는 것이지요. 이것이 바로 '노동력의 대가', 즉 임금의 진정한 의미입니다. 한마디로 노동력의 재생산비용, 노골적으로 얘기하면 노동자가 죽지 않고 다음 날 나와서 일할 수 있게 만드는 비용입니다.

물론 산업혁명 초기의 노동자와 비교하면 21세기 노동자의 삶의 질은 크게 개선되었습니다. 노동자 사이에도 적지 않은 임금의 격차가 존재할 만큼 사회가 복잡하고 다양해졌지요.

하지만 오늘날에도 자신이 받은 임금만으로는 가족의 기본적 삶을 유지하는 데에 급급하고, 그마저도 부족해 빚을 져야 하는 경우가 허다한 것이 냉혹한 현실입니다. 그럼에도 불구하고 대부분의 사람들은 임금을 자신이 직장에서 수행한 '노동의 대가'라고 생각합니다. 그렇다 보니 자신의 능력이 부족해서 임금 수준이 낮다고 자책할 따름이지요. 하지만 사회주의의 관점에서 보면 자본주의 사회에서 노동자가 받는 임금은 '노동력의 대가', 다시 말해 노동력의 재생산 비용입니다. 나라마다 경제 발전 수준이나 노동자 계급의 사회적 역량과 정치사회적 환경이 다르기 때문에 임금 수준에 차이가 있지만, 평범한 노동자가 자신의 임금만으로 자본가 계급처럼 부를 축적할 수 있는 자본주의 국가는 없습니다. 대체로 노동자가 출근해 업무를 성실하게 수행하면 기본적인 생계를 유지하며 자식을 낳아 그럭저럭 키울 수 있는 수준으로 임금이 형성되는 것이 명백한 현실입니다.

그러한 관점에서 보면 자본가가 축적한 거대한 부는 그 자신이 똑똑하고 능력이 뛰어나며 성실하기 때문이 아니라, 자신이 고용한 노동자에게 생계비 정도만 지급하고 남은 몫을 챙겨서 생긴 것입니다. 소수의 자본가에게 집중된 막대한 부의 원천은 사실상 공동체 구성원들이 공장 혹은 기업이라는 공간에 모여서 서로의 지식과 지혜를 모아 함께 땀 흘려 일구어 낸 사회적 결과물입니다.

결국 자본주의에서 엄청난 빈부격차가 발생하는 이유는 자본주의 자체가 자본가라는 특정 계급에게 부가 편중되도록 설계된 시스템이기 때문입니다. 생산수단에 대한 '소유권'을 가진 사람에게 부가 집중되도록 구성되어 있다는 의미이지요.

따라서 사회주의 사상의 논리 체계에서 보면, 자본가들이 소유한 생산수단을 사회 구성원 공동의 소유로 전환하는 것은 개인의 소유를 억지로 빼앗아 사회적 소유로 만드는 폭압적 조치가 아닙니다. 자본가가 소유한 막대한 부 자체가 애초에 순전한 개인의 노력에 의한 것이 아니라 사회적 생산물이기 때문에, 그 성격에 맞는 자리를 되찾아 주는 것이지요.

생산수단을 사회가 공동으로 소유하고, 땀 흘려 일하는 노동자들이 진정한 주인이 되는 사회. 자본가의 이윤 추구를 위해 다수가 희생하는 것이 아닌, 함께 일군 성과를 사회 구성원이 공정하고 평등하게 나눌 수 있는 사회. 이렇게 자본주의의 모순과 한계를 극복한 세상을 꿈꾸는 사람들이 공동생산 공동분배를 지향하는 사회주의를 주장하게 된 것입니다.

사회주의의 관점에서 보면 자본주의는 일터에서 자본가가 독재를 행하는 시스템입니다. 자본가는 소유권자라는 명분으로 다수의 노동자에게 일방적으로 명령을 내리기 때문입니다. 초등학교 반장도 투표로 뽑는 세상이지만, 회사 사장을 노동자의 투표로 뽑는 일은 상상하기 어렵지요? 그만큼 자본주의 사회가 비민주적이라는 증거입니다.

사회주의는 이러한 자본주의의 문제점과 한계를 극복하기 위한 운동 과정에서 탄생했으며, 더욱 평등하고 민주적인 사회를 추구하는 과정에서 나온 사상입니다.

자본주의

1 역사를 살펴보면 원시 공산주의 사회, 노예제 사회, 봉건제 사회, 자본주의 사회, 사회주의 사회, 공산주의 사회 등 다양한 형태의 사회경제 시스템이 존재했다. 이처럼 사회 형태를 구분하는 기준은 생산관계이다.

2 자본주의 사회는 회사나 공장 같은 생산수단을 자본가 계급이 소유한 시스템이며, 자본주의는 생산수단을 소유한 자본가 계급과 자신의 노동력을 자본가에게 판매하고 임금을 받아 생계를 유지하는 노동자 계급, 이렇게 자본가-노동자 생산관계를 형성하는 사회다.

3 상공업의 발전을 주도한 자본가 계급이 자본주의 사회의 탄생과 성장 과정에 중요한 역할을 했다. 그렇기 때문에 자본주의 사회의 제반 법과 제도는 이들 자본가 계급의 경제 활동에 유리한 방식으로 설계되어 있다.

사회주의

1 생산수단을 소유한 자본가는 이윤을 늘리기 위해 상품 생산을 늘리면서 비용은 줄이려고 노동자들을 착취했다. 또한 자본가 계급에게 부가 편중되도록 설계된 자본주의 시스템에서는 빈부격차가 발생할 수밖에 없었다. 사회주의는 바로 이러한 자본주의의 문제점과 한계를 극복하려는 과정에서 등장했다.

2 사회주의 사회는 회사나 공장 같은 생산수단을 개인 혹은 특정 집단이 소유하거나 마음대로 처분할 수 없다. 왜냐하면 생산수단이 사회의 공동재산, 즉 공공재인 시스템이기 때문이다.

3 사회주의에서 기업의 목적은 이윤이 아니라, 필요한 재화와 서비스를 사회에 제공하는 것이다. 또한 기업의 운영과 의사결정이 민주적으로 이뤄진다.

2부

자본주의
찬성 VS 반대

> "
>
> 자본주의를 좋아하는 나소유입니다.
> 제 꿈은 부자가 되는 거예요.
> 그래서 경제 공부도 열심히 하고 있어요.
> 제가 왜 자본주의를 찬성하는지 이야기해 볼게요.
>
> "

나소유

인간의 본성에 딱 들어맞는
자본주의를 찬성합니다

저는 자본주의야말로 인간의 본성에 가장 잘 들어맞는 시스템이라고 생각합니다. 일한 만큼 돈 벌 수 있고 사고 싶은 것을 마음껏 살 수 있는 사회니까요. 역사상 이런 사회가 과연 있었나요? 인간은 본성적으로 이기적인 존재입니다. 여기 100만 원이 있다고 합시다. 이 100만 원을 자신이 가질지 남을 줄지 결정할 수 있는 선택권이 주어진다면 대부분 자기가 갖지, 남에게 주지는 않을 거예요. 왜냐고요? 자신의 상황부터 먼저 챙기는 게 인간의 본능이니까요.

인간의 이기적인 본성이 경제 발전의 원동력이다

간혹 평범한 인간은 흉내도 내지 못할 헌신과 이타심으로 어려운 사람들을 돕는 이들도 있습니다. 하지만 그런 사람은 정말 드물지요. 그렇기 때문에 오히려 존경의 대상이 되는 거 아닐까요? 인간이 본성적으로 다 그렇게 남을 돕고 헌신하며 산다면 그들의 이타적 선행이 딱히 존경할 만한 일도 아닐 테니까요. 저는 인간의 본성이 이기적이라고 생각하기 때문에, 오히려 그런 사람들의 행동이 더욱 존경스럽고 대단하다고 생각합니다. 솔직히 저는 그렇게 살 자신이 없거든요.

그런데 한번 생각을 해 보세요. 법과 제도를 만들 때 구성원 대다수가 예수, 부처, 공자 같은 성인이라고 가정하고 만든다면 그 법과 제도가 현실에서 제대로 작동하겠습니까? 마찬가지로 모두가 이타적이고 선행을 베풀 거라는 가정을 토대로 경제를 운영하면 과연 제대로 돌아갈까요? 직장인, 자영업자, 사장, 재벌이 모두 타인을 배려하고 사회에 공헌을 하며 선행을 베풀고 살 거라는 기대는 현실감각이 제로일 때나 가능한 생각이지요.

자본주의의 장점은 인간의 본성인 이기심을 동력으로 경제가 돌아가는 시스템이라는 점입니다. 이것이 무슨 뜻인지 구체적인 예를 들어서 설명해 볼게요. 빵을 만드는 사람이 있습니다. 지금과 같이 고도로 발전한 자본주의 사회가 아니라 자급자족하는 소규모 농촌 공동체 사회에서 빵을 만들고 있다고 가정하지요. 그런 사회라면 우리 가족과 동네 주민 정도가 먹을 수 있는 양만 만들면 그만입니다. 굳이 빵을 많이 만들 필요도 없고 좀 더 잘 만들려고 아등바등할 이유도 없습니다. 자급자족 농촌 공동체이니 딱히 판매를 목적으로 만드는 것도 아니니까요.

하지만 앞서 공부했듯이 자본주의 사회의 특징은 재화와 서비스의 상품화에 있습니다. 내가 먹기 위해서 빵을 만드는 것이 아니라 사람들에게 팔아서 돈을 벌기 위한 목적으로 빵을 만들어야 하는 것이지요. 이러한 자본주의 사회에서 빵 가게를 운영하는 사람은 자급자족 농촌 공동체에서 빵 만드는 사람과는 다른 자세를 가질 수밖에 없습니다. 알다시피 자본주의 사회에서는 돈이 많을수록 물질적 삶의 질이 나아집니다. 더 좋은 집, 더 좋은 차, 더 좋은 음식, 더 많은 여행을 상품으로 구매해 풍요롭게 살 수 있지요. 그러니 빵 가게 주인은 가능한 한 빵을 더 많이 판매해 더 많은 돈을 벌고 싶겠지요.

물론 빵 가게 주인이 열심히 빵을 만드는 이유 중에는 내 가족과 이웃에게 맛있는 빵을 공급하겠다는 이타적 명분도 없지는 않을 거예요. 하지만 역시 그보다 더 중요한 본질적인 이유는 결국 이기심에 있습니다. 솔직히 내 가족과 이웃에게 맛있는 빵을 만들어 줄 수 있더라도 돈이 잘 안 벌리면 그만 둘 테니까요. 빵을 많이 팔수록 돈을 많이 벌 수 있고 물질적으로 더 풍요로운 삶을 살 수 있습니다. 그렇게 지극히 이기적인 이유로 열심히 빵을 만들어 팝니다. 그렇다고 빵 가게 주인의 이기적 행위가 다른 사람에게 폐를 끼치는 것도 아닙니다. 그가 열심히 빵을 만들어 판매할수록 더 많은 사람이 빵을 구입해 맛볼 수 있다니 타인에게도 좋은 일이지요.

　　공동체 생활을 하다 보면 이기적으로 행동했을 때 나쁜 평판을 얻기 쉽고, 이타적이고 협력적인 사람은 좋은 평판을 얻습니다. 그렇다 보니 사람들은 본성이 이기적이면서도 마치 다른 사람을 위하는 양 위선의 가면을 쓰게 됩니다. 하지만 적어도 자본주의 사회에서 경제 활동을 할 때는 가면을 쓸 필요가 없습니다. 빵 가게 주인은 이타적인 생각으로 빵을 열심히 만들어서 판매하는 것이 아닙니다. 많은 돈을 벌어 떵떵거리며 살고 싶은 마음으로, 하나라도 더 팔기 위해 열심히 빵 가게를 운영하는 것입니다. 물론 자신이 만든 빵을 먹는 사람들이 만족해하는 모습에서도 기쁨을 얻을 수 있지만, 그것은 우선 장사가 잘된 이후의 문제이지요. 경제 활동을 하는 누구나 상대방이 이기적으로 행동하는 것을 알면서도 그것을 불편해하지 않습니다. 왜냐하면 자본주의 시스템에서는 그게 당연한 거니까요. 위선의 가면을 쓸 필요가 없으니 얼마나 홀가분합니까.

자본주의 시스템에서는 사람들이 오로지 자기 자신을 위하는 이기적인 동기로 경제생활을 하더라도 그것이 사회 전체 구성원의 행복도와 물질적 풍요를 높이는 데에 기여합니다. 내가 돈 벌려고 열심히 만든 빵이 다른 누군가에게 만족과 행복감을 주니까요. 개인의 이기적 활동이 사회의 공익에도 부합한다는 의미지요. 이렇게 절묘한 조화가 어디 있을까요?

이기심이 경제 발전의 동력이 되니 생산력이 비약적으로 발전해 물질적 풍요를 낳습니다. 왜 그런지 역시 빵 가게의 예를 들어 보겠습니다. 빵을 워낙 맛있게 잘 만드니 장사가 너무 잘 되어서 만들자마자 금세 다 팔리는 상황을 생각해 봐요. 가족이나 주변 이웃들 정도가 소비하는 소규모 농촌 공동체 사회라면 굳이 여기서 더 만들어 팔 생각을 하지는 않을 겁니다.

하지만 대규모의 판매 시장이 존재하는 자본주의 시스템에서라면 더 많은 빵을 만들어서 더 많은 화폐를 벌어야겠지요.

장사가 꾸준히 잘되어 어느 정도 돈이 모였습니다. 그 돈으로 제빵 기계를 추가로 들여놓습니다. 일할 사람도 더 뽑고요. 생산량을 늘리고 가게도 확장합니다. 빵 가게 여는 시간을 앞당기고 닫는 시간은 늦춥니다. 입소문이 나서 손님이 끊이지 않으니까요. 사업이 잘되니 근처에 우리 가게를 모방한 빵 가게가 들어섰는데, 그것도 은근히 신경이 쓰입니다. 시장경쟁에서 살아남으려면 단순히 설비를 늘리고 점포를 확장하는 데에 그칠 수 없습니다. 제빵 기술을 연구해 생산 과정을 효율화하고 다른 빵집에서는 맛볼 수 없는 신제품을 개발해 경쟁업체가 따라올 수 없도록 앞서 나가야 합니다.

빵 맛이 더욱 좋아지니 이제는 먼 곳에서도 빵을 사러 손님이 찾아옵니다. SNS에서도 화제가 되어 전국적으로 유명세를 떨치게 되었습니다. 사업을 확장해 전국에 지점을 내었더니 더욱 많은 사람이 맛있는 빵을 맛볼 수 있게 되었습니다. 그리고 드디어 국내를 넘어 해외 시장까지 개척하는 상황에 이르게 됩니다. 빵 가게 주인의 이기심이 자본주의 시스템과 만나서 국내를 넘어 해외에 있는 사람들까지 맛있는 빵을 즐길 수 있는 바람직한 상황을 만든 것이지요.

이윤 추구가 생산의 목적이 되는 자본주의 사회가 아니었다면, 그리고 빵 가게 주인의 이기심이 결합되지 않았다면 이 빵이 세계적인 베스트셀러가 될 일도 없었겠지요. 수많은 히트 상품들이 이 빵과 크게 다르지 않은 과정을 통해 세계적인 명성을 쌓았고, 국경을 넘어 전 세계 사람들에게 편리함과 더 나은 물질적 삶을 제공하게 되었지요. 물론 그들 자신도 거대한 부를 쌓아 올릴 수 있었고요. 더욱 많은 부를 축적하려는 개인의 이기심이 자본주의 시스템과 만나 시너지 효과를 일으킨 것입니다.

21세기의 자본주의 사회를 한번 볼까요? 스마트폰을 통해 실시간으로 온갖 정보에 접근이 가능합니다. 백화점이나 쇼핑몰에 갈 것도 없이 인터넷만 접속해도 소비자의 선택을 기다리는 갖가지 물건들이 산처럼 쌓여 있습니다. 프라이팬 하나, 치약 하나를 구입하더라도 소비자의 다양한 취향을 고려해 생산된 수백 가지 물건 중에서 고를 수 있습니다. 한국 거주자가 미국에서 파는 물건을 사고 싶으면 아마존 사이트에 접속해 원하는 물건을 골라 결제만 하면 됩니다. 빠르면 사나흘 만에 미국에서 파는 물건이 우리 집 문 앞까지 배송되지요. 인류

역사상 이렇게 눈부신 속도로 기술과 생산력이 발전한 시기가
또 있을까요? 자본주의가 만들어 낸 변화는 정말 대단합니다.

시장의 '보이지 않는 손'이 움직인다!

　자본주의의 또 다른 장점은 시장 메커니즘에 의한 경제 활
동의 신축성과 효율성입니다. 사회가 발전함에 따라 인간의
취향과 욕구도 다채로워지고 그러한 수요에 부응하기 위해
재화나 서비스의 양과 종류가 급격하게 증가합니다. 그에 따
라 직업의 종류도 전과는 비교할 수 없을 정도로 늘어나고요.
굳이 직업의 종류를 나열하며 많다는 것을 입증할 필요도 없
을 정도이지요. 이렇게 복잡해지고 고도로 전문화된 사회에서
경제 활동이 원활하게 돌아가기 위해서는, 그에 필요한 자원
과 인력이 각 부문에 골고루 배분되고 할당되어야 합니다. 과
연 이 문제를 누군가가 치밀하고 구체적인 계획을 수립해 인
위적으로 "너는 여기서 일하고 쟤는 저기서 일해", "이 물품은
저쪽으로 보내고 저 물품은 여기에 놔둬"라는 식으로 대응하
는 게 가능할까요?

자본주의 시스템에서는 시장가격의 변화를 통해 자원과 인력의 배분과 할당이 신축적이고 효율적으로 이루어집니다. 아시다시피 시장에서 상품의 가격이 오르고 내리는 것은 주로 수요와 공급의 변화에 영향을 받습니다. 예를 들어 특정 상품의 공급량은 큰 변화 없이 일정한데 그 상품을 사려는 사람이 갑자기 엄청나게 늘어나면 상품의 가격은 어떻게 변화할까요? 올라가겠지요. 반대로 상품의 공급량이 일정한데 그 상품을 사려는 사람이 크게 줄어들면 가격은 하락합니다. 상품을 사려는 사람의 수는 그대로인데 상품의 공급량이 크게 줄어들면 어떻게 될까요? 가격이 상승합니다. 반대로 상품을 사려는 사람의 수는 그대로인데 공급량이 확 늘어나면 가격은 하락하지요.

시장에서는 이렇게 수요와 공급의 변동에 따라 가격이 오르고 내립니다. 가격이 오르내리는 상황을 살펴보며 시장 참여자들은 자신의 행동을 결정하지요. 예를 들어 빵에 대한 수요보다 공급이 훨씬 많아서 시장에서 빵 가격이 폭락하고 있습니다. 그러면 제빵 업계 관계자들은 이제 빵을 팔아서는 돈 벌기 어렵다고 판단하겠지요. 자연스럽게 제빵 분야에 뛰어드는 사람도 줄어들고 기존 제빵 업자 중 일부는 수지타산이 맞지 않아 발을 뺍니다. 그 결과로 빵의 공급량이 감소하고 빵 가격은 다시 상승하게 됩니다.

반대의 경우를 생각해 보지요. 빵을 사려는 수요에 비해 공급이 많이 부족합니다. 그러면 빵 가격은 폭등하고 제빵 업계 관계자들은 더 많은 돈을 벌게 됩니다. 너도나도 빵을 만들겠다며 제빵 업계에 뛰어들겠지요. 그런 분위기가 계속되면 빵의 공급량이 늘어나고 빵 가격은 자연스럽게 하락합니다.

앞서 설명한 대로 시장에서는 수요와 공급이 변하면 가격이 그 변화에 상응해 움직입니다. 시장 참여자들은 재화나 서비스의 가격 동향을 관찰하며 자신이 어떤 행동을 취할지 결정합니다. 가격이 상승하는 재화 및 서비스 분야에는 자원과 사람이 모여들고, 반대로 가격이 하락세인 분야에는 있던 사람들도 손을 떼지요. 이렇게 '보이지 않는 손'*이 가격의 등락을 통해 수요와 공급을 조절하고 경제적 자원과 인력이 각 분야마다 적절하게 배분될 수 있도록 조절한다는 사실을 알 수 있습니다.

예를 들어 한 나라에 주택이 부족하다면 주택의

보이지 않는 손

영국의 경제학자 애덤 스미스의 저서 『국부론』에 등장하는 용어다. 개인이 자신의 이익을 위해 경쟁하는 과정에서 자연스럽게 사회 구성원 모두에게 유익한 결과를 낳는다는 자유시장의 작동 원리를 뜻한다.

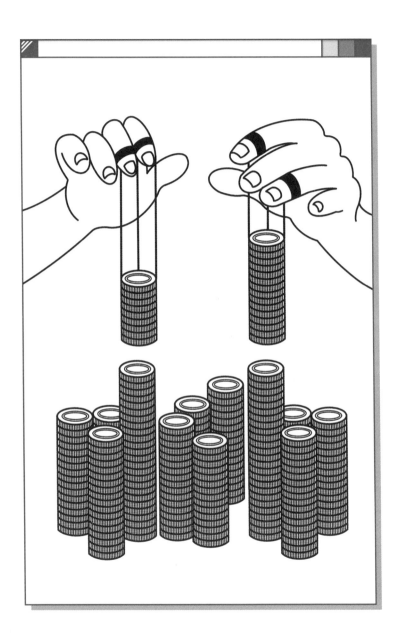

가격이 오를 테고, 그러면 주택을 판매해 전보다 더 많은 돈을 벌 수 있으니 건설 분야로 자원과 인력이 모여들게 됩니다. 그 과정에서 전보다 더 많은 주택이 건설되어 주택 부족 문제는 자연스럽게 해결됩니다. 반대로 주택의 공급량이 너무 과도해 판매가 어려우면 가격이 하락할 것이고, 그런 상황에서는 기존의 주택 공급자들도 돈벌이가 신통치 않아 발을 빼겠지요. 결과적으로 주택 공급량은 줄어들고 다시 가격이 상승해 적절한 균형점을 찾게 됩니다. 이 얼마나 신축성 있고 효율적인가요. 마치 물이 위에서 아래로 흐르듯 자연스럽습니다.

널리 인간을 자유롭게 하리라

자본주의의 또 다른 장점은 바로 '자유'입니다. 자본주의 시스템에서는 개인의 재산에 대한 '소유권'을 보호하며, 범죄행위만 아니라면 그 사람이 자신의 재산을 어떻게 사용하든 간섭하지 않습니다. 그 돈으로 사업에 투자하든, 사치스럽고 호사스러운 소비생활을 하든 그 사람의 자유니까요. 내가 100만 원이 있으면 그것으로 로또를 사든, 기업의 주식을 사든, 고급 호텔에서 근사한 식사를 하든, 비행기를 타고 가까운 홍콩을 다녀오든 아무도 나에게 뭐라 할 권리가 없다는 것이지요.

억압과 간섭을 좋아하는 사람이 누가 있겠어요? 다들 자유롭게 살기를 원합니다. 지금이야 이런 자유가 공기처럼 당연하게 생각될 수도 있겠지만, 사실 평범한 개인이 지금처럼 자유를 누리게 된 것은 그리 오래된 일이 아니에요. 동양이나 서양 할 것 없이 오랫동안 귀족과 평민으로 계급이 나누어진 신분제 사회였어요. 설사 돈이 많아서 근사한 집을 짓고 싶어도 왕이나 귀족보다 큰 집을 지을 수 없었지요. 신분 질서를 거스르는 불경한 짓이니까요. 장사하려고 해도 이런저런 규제가 많고 위정자들에게 허락을 받아야 가능했지요.

하지만 자본주의는 그 모든 차별과 특권을 없애 버렸어요. 대통령도 라면을 사려면 나와 똑같이 정해진 가격을 지불해야 해요. 내가 고위 공무원이나 대기업의 임원이 아니더라도 숙박비만 지불하면 그들이 묵는 최고급 호텔에서 묵을 수 있고요. 자신이 열심히 노력해서 돈을 많이 벌면 그만큼 대접받을 수 있어요. 인류 역사상 한 개인이 이렇게 자유를 만끽한 적이 있을까요? 자본주의는 이렇게 우리에게 자유를 주었어요. 만약 내가 아무리 노력해도 신분 때문에 출세할 수 없다면 얼마나 좌절감이 들겠어요. 그런데 자본주의 사회에서는 그런 장벽이 없습니다. 저는 열심히 일해서 부자가 될 거예요. 그래서 남부럽지 않게 자유를 누리며 살고 싶어요.

새로운 세상을 꿈꾸는 오평등입니다.
저는 『원숭이도 이해하는 자본론』이라는 책을 읽고
자본주의를 비판적으로 보게 되었어요.
제가 왜 자본주의를 비판하는지 한번 이야기해 볼게요.

오평등

빈부격차의 민낯,
자본주의를 반대합니다

알다시피 자본주의 사회에는 엄청난 빈부격차가 존재합니다. 한쪽에는 라면으로 끼니를 때우며 폐지를 주워 근근이 생계를 이어 가는 빈곤 노인층이 있는데, 다른 쪽에는 빌딩 수백 채에 해당하는 부를 소유하고 매일매일 황제처럼 지내는 엄청난 부자들이 존재합니다.

이런 빈부격차를 재능과 노력의 차이 때문에 발생하는 자연스러운 일이라고 생각하는 사람들도 있더라고요. 사람마다 능력의 차이가 있고, 성실한 사람도 있는 반면에 게으른 사람도 있으니 빈부격차가 발생하는 건 당연한 거 아니냐고요. 하지만 이 어마어마한 빈부격차를 과연 능력이나 노력의 차이

만으로 설명이 가능할지는 의문입니다. 가난한 사람들 대부분이 게으르고 능력이 없어서 그렇게 사는 것이라고 보기는 어려우니까요. 비정규직 문제나 청년실업 문제가 그들이 능력이 없거나 게을러서 생긴 문제는 아니잖아요.

흙수저, 가난이 대물림되는 현대판 신분제

더욱 문제가 되는 점은 이러한 빈부격차가 대물림되는 양상을 보인다는 거예요. 금수저, 은수저, 흙수저 같은 유행어도 극심한 빈부격차가 대대손손 대물림되는 현실을 풍자하는 것입니다. 경제적으로 여유가 있는 부모를 만나야 인생이 잘 풀리고, 가난한 부모를 만나면 삶이 힘들어지니까요. 귀족과 평민을 가르는 신분제가 지탄받은 이유 중 하나는 능력과 무관하게 출신성분에 따라 한 사람의 인생이 판가름 나기 때문이었는데요. 부모의 경제적 지위가 자식에게 대물림되는 현상을 보면 자본주의의 빈부격차는 사실상 현대판 신분제나 다름없다는 생각이 듭니다.

앞서 임승수 선생님이 사회주의에 관해 설명해 주시면서

노동자가 받는 '임금'은 자신이 일한 만큼의 대가를 받는 것이 아니라 그저 생계유지에 필요한 수준을 받는 거라고 설명하셨던 것 기억하지요? 마르크스는 『자본론』에서 노동자가 받는 임금은 실제로 일터에서 수행한 노동의 양보다 적을 수밖에 없으며, 자신이 임금으로 받은 것보다 더 일한 부분이 자본가의 '이윤'이 된다고 분석했습니다. 한마디로 자본가는 노동자를 '착취'해서 이윤을 얻는다는 것이지요.

자본주의를 옹호하는 주류 경제학에서는 자본가가 이윤을 취득하는 명분을 이렇게 설명하더군요. 회사나 공장을 설립하기 위해 자본가가 투자한 '자본'의 대가라고요. 회사를 설립하는 데 개인의 돈이 들어갔으니 이윤을 가져갈 권한이 있다는 이야기지요. 요컨대 노동자는 노동의 대가로 임금을 받고 자본가는 자본을 투자한 대가로 이윤을 챙기고, 그렇게 각자가 생산 활동에 기여한 만큼 자신의 몫을 챙긴다는 주장이에요. 대부분의 사람이 이것을 당연하다고 생각합니다.

하지만 노예제 사회에서는 노예를 부리는 게 자연스럽고 당연한 일이었습니다. 신분제 사회에서는 귀족과 평민을 나누는 게 이상하지 않은 일이었지요. 모든 차별과 착취는 해당 시대에는 합법적이고 당연한 것으로 여겨졌습니다. 우리가 자본주의 사회를 선입견 없이 정확하게 이해하기 위해서는, 자본주의 사회를 객관적으로 볼 수 있어야 합니다.

과연 자본가는 '자본'을 댔으니 이윤을 전부 가져가는 것이 당연한 걸까요? 예를 들어 내가 A라는 회사를 소유한 자본가입니다. A회사를 운영하면서 노동자에게 임금을 지급하고 이런저런 비용을 제하고 남은 돈이 내 몫의 이윤이 되겠지요. 다행히 회사 운영이 잘되어 이윤 적립금이 금세 불어납니다. 그렇게 A회사에서 벌어들인 이윤 적립금으로 다시 B회사를 설립합니다. 이제 저는 B회사에서 발생하는 이윤을 추가로 벌어들이겠지요. 왜냐하면 A회사에서 번 '내 돈'으로 B회사를 세웠으니까요.

그런데 한번 차근차근 들여다볼까요? B회사를 설립하는 데 사용한 자금은 A회사에서 벌어들인 이윤이잖아요. 앞서 이야기한 마르크스의 분석에 의하면, 내가 A회사에서 벌어들인 이윤은 노동자가 자신이 받는 임금보다 더 많이 일해서 발생한 것이지요. 그러니까 A회사의 이윤은 자본가의 노력과 능력에 의해서만 발생한 게 아니라는 의미입니다. 내가 B회사를 설립할 수 있었던 것은 A회사 노동자로부터 이윤을 뽑아 낼 수 있었기 때문입니다. 노골적으로 이야기하자면 A회사 노동자를 착취해 목돈을 모은 것이지요. 이렇게 보면 자본가가 회사를 만들려고 투자했다는 자금도 그 형성 과정을 소급해 들어가 보면 자본가 혼자 잘나서 번 돈이 아니라 수많은 사람의 노동이 축적된 결과물이라는 것입니다. 이 세상에 존재하는 모든 형태의 부는 사회 구성원이 함께 이룬 사회적 성과물이라는 이야기지요. 한 개인이 뛰어난 지식과 역량으로 대단한 혁신을 낳는 경우도 있지 않느냐고요? 그 대단한 개인이 가진 지식 대부분은 과거 수많은 사람이 쌓아 올린 성과에 빚지고 있다는 거예요.

자본주의 시스템은 이렇게 모두가 함께 이룬 성과물을 분배하는 데 있어서 노동자에게는 간신히 삶을 영위할 생계비 수준만 지급하고, 생산수단을 소유한 자본가에게는 나머지 목돈을 '이윤'이라는 명목으로 몰아주는 시스템입니다. 이해를 돕기 위해 게임에 비유하자면, 여러 사람이 팀을 이뤄서 함께 몬스터를 엄청나게 잡았는데 그 경험치를 나누는 데 있어서는 팀장이라는 이유로 그 한 사람에게 전체 경험치의 절반 정도를 뚝 떼어서 주고, 나머지 절반을 다수의 팀원에게 N분의 1로 나눠 주는 거예요. 이런 시스템이라면 당연히 팀장만 빠르게 레벨을 올릴 수 있지 않을까요? 마르크스는 이게 바로 자본주의 시스템의 본질이며, 자본주의 사회에서 발생하는 빈부격차의 민낯이라고 분석한 거예요.

자본주의 시스템에서는 인간이 이윤 추구의 도구로 전락합니다. 알다시피 자본주의 시스템의 지상목표는 이윤 추구입니다. 자본가가 더 많은 이윤을 획득하기 위해 자신이 고용한 노동자를 채근하고 닦달하는 일은 너무나 자연스러운 풍경 아닌가요? 안전장치 비용을 아끼려고 위험한 노동 현장을 그대로 방치해서 여전히 적지 않은 노동자가 산업재해로 다치고 사망하고 있습니다. 어떻게든 인건비를 아끼기 위해 정규직보다는 비정규직*을 고용하려고 하고요. 비정규직 노동자는 정규직과 동일한 일을 하는데도 임금은 절반 수준밖에 받지 못하고, 언제 해고될지 모르는 불안감에 시달려야 합니다. 환경이 파괴되고 지역 주민의 건강을 해치든 말든 비용만 줄일 수 있다면 오염물질을 대기 중으로, 강으로 몰래 배출하고 버립니다. 이게 모두 더 많은 이윤을 얻기 위해 자행되는 일이지요.

자본가가 이렇게 더 많은 화폐를 욕망하는 것은

비정규직

근로기간이 정해져 있지 않은 상시노동자와는 달리 근로기간이 정해져 있는 계약직, 일용직, 파견도급직, 시간제 노동자를 일컫는 용어다.

단순히 그가 천성적으로 욕심쟁이여서가 아닙니다. 자본주의 시스템의 무한 시장경쟁에서 생존하기 위해서 발버둥 치는 것이지요. 지금 당장 사업이 잘되어도 잠시만 방심하면 다른 회사가 치고 올라올 수 있습니다. 끊임없이 기술을 혁신하고 기업조직의 비효율을 없애지 않으면 언제든 뒤처질 수 있고요. 세계화로 인해 시장경쟁이 국경을 넘어 전 세계적으로 벌어집니다. 뛰어난 기술력에 저임금으로 무장한 다른 나라 기업이 언제든 우리 회사의 상품을 대체할 수 있지요. 이러한 환경에서는 지금 당장 잘나간다 한들 한순간도 마음을 놓을 수 없겠지요. 이것이 바로 자본주의 사회에서의 '게임의 법칙'입니다.

기업이 이윤을 추구하는 것이 뭐가 나쁘냐고 이야기할지도 모르겠습니다. 기업이 이윤이 나야지만 경제가 제대로 돌아갈 수 있는데 도대체 어쩌라는 거냐고 말이지요. 그런데 정말로 기업이 이윤을 낼 수 없으면 재화나 서비스의 생산이 불가능할까요? 우리가 무인도에 표류했다고 생각해 보세요. 무인도에서 살려면 집을 지어야겠지요. 사람들이 힘을 모아 통나무집을 지을 때 이윤을 계산하면서 짓지는 않습니다. 모두가 함께 살기 좋게 지으면 그만입니다. 그 무인도에서도 먹고는 살아야 하니 농사도 지어야겠지요. 과연 씨를 뿌리고 거름을 주고 추수를 할 때 이윤이 얼마나 발생할지 고려할까요? 필요한 만큼 식량을 확보할 수 있으면 그만입니다. 이렇듯 이윤이 나지 않아도 얼마든지 생산 활동은 가능합니다. 다만 우리가 이윤 지상의 자본주의 시스템에 길들여져 있기 때문에 그렇게 생각할 뿐입니다. 양반과 상놈의 구분이 있어야만 사회가 정상적으로 운영될 수 있다고 생각했던 조선 시대처럼 말이지요.

인간의 공동체적 본성과 충돌하는 자본주의

자본주의 시스템이 인간의 이기적인 본성과 잘 맞는다는 주장도 비판적으로 살펴볼 필요가 있습니다. 과연 인간은 본성적으로 이기적일까요?

인간의 본성을 이해하기 위해서는 생존 본능에서부터 출발해야 합니다. 알다시피 생명체의 지상 과제는 '생존'과 '번식'입니다. 생존하려는 욕망, 번식하려는 욕구가 없는 생명체는 금세 지구상에서 자취를 감추겠지요. 왜 식욕과 성욕은 억누르기 힘들 정도로 강할까요? 식욕은 개체의 생존과 연관이 있고, 성욕은 개체의 번식과 연결되기 때문입니다. 어떤 생명체가 본성적으로 식욕과 성욕이 없다면 생존과 번식 확률이 크게 낮아져 결국 멸종하게 될 것입니다. 그런 이유로 강한 식욕과 성욕은 생명체 진화 과정에서 형성되는 심리적 부산물인 셈입니다.

이렇듯 인간이 주어진 환경에 적응해서 생존하고 번식하는 오랜 진화의 과정에서 심리와 사고방식이 형성됩니다. 중요한 것은, 인간은 그 과정에서 항상 무리를 이루고 살았다는 점입니다. 무리 속에서 서로 의존하며 살아야 생존과 번식 확률이 훨씬 높았기 때문이지요. 무리에서 떨어져서 혼자 사는 인간이 어떻게 생존하고 자식을 남기겠어요? 이와 관련된 곱씹어볼 만한 사례를 하나 소개하겠습니다. 자본주의 사회에 살던 서구 인류학자가 아메리카 인디언 부족을 대상으로 지능 테스트를 했습니다. 부족 사람들에게 테스트 용지를 나눠주며 각자 따로 문제를 풀어야 한다고 신신당부했습니다. 그런데 인디언 부족 사람들은 함께 모여 토론하며 문제를 풀었습니다. 그러자 서구 인류학자는 답답한 마음에 그들에게 다가가 문제는 각자가 따로 풀어야 한다고 거듭 강조했습니다. 그러자 인디언들이 다음과 같이 말했습니다.

"문제가 있으면 함께 의논해서 해결해야 하는 것 아닌가요? 왜 자꾸 각자 따로 풀라고 하는지 모르겠군요."

인디언들은 왜 이렇게 생각하게 됐을까요? 생산력 수준이 낮은 소규모 공동체 사회에서는 구성원이 서로 돕지 않으면 생존 자체가 어렵습니다. 수렵 및 채집으로 먹을거리를 마련하고, 아이들을 함께 돌보며, 맹수나 다른 부족과의 전투에서 이기기 위해서는 구성원이 서로 협력할 수밖에 없지요. 그래야 생존 확률이 올라가니까요. 원시 공동체 사회에서는 자연스럽게 이기심보다는 '협동'이 생존에 중요한 덕목이 됩니다. 자신이 취득한 지식과 정보를 신속하게 구성원과 공유하고 수렵과 채집을 통해 얻은 먹을거리도 함께 나눕니다. 각자 이기적으로 행동하며 서로 돕지 않는다면 아무래도 생존 확률이 크게 떨어지겠지요. 사실 인류는 지구에 등장한 이후 대부분 수렵 및 채집을 하며 소규모 공동체 단위로 시간을 보냈습니다. 아무래도 이기심보다는 공동체 정신과 협동심이 잘 자라날 수 있는 환경적 토양이지요.

또 인간에게는 식욕과 성욕만큼 본능적인 '인정 욕구'가 있습니다. 직장인이 상사에게 인정받고, 학생이 부모와 스승에게 인정받고, 정치인이 국민에게 인정받고, 사회운동가가 동료들에게 인정받고……. 음식이 육신의 양식이라면 인정은 정신의 양식이라고 할 수 있을 만큼, 인간은 인정을 갈구합니다. SNS에서도 대부분 타인의 '좋아요'를 갈구하지 않나요? 왜 우리에게 이런 인정 욕구가 본능적으로 탑재되어 있을까요? 인류가 환경에 적응해 진화하는 과정을 고찰하면 이렇게 설명할 수도 있다고 생각합니다.

호랑이처럼 억센 근육과 발톱도 없고, 토끼처럼 재빠른 다리도 없는 인간이 혼자서 생활하면 생존과 번식 확률이 크게 떨어집니다. 그런 이유로 인간은 진화 과정에서 무리를 이루어 생활하게 됐습니다. 이런 상황과 조건에서 특정 개인이 무리에서 배제되는 것은 사형 선고나 다름없습니다. 피해야 할 두려운 상황이지요. 무리에서 배제되지 않으려면 다른 이들에게 '인정'받는 게 중요합니다. 좋은 평판을 얻으면 무리에서 배제될 확률은 낮아지고 생존과 번식 확률은 높아집니다. 자신의 유전자를 후대에 남길 수 있겠지요.

이런 삶의 방식이 진화 기간 내내 지속되면서 우리의 유전자에 인정 욕구라는 흔적을 남긴 것은 아닐까요? 우리가 호랑이라면 굳이 남에게 인정 따위를 받아야 할 이유가 없겠지요. 자신의 생존과 번식을 무리 속에서 확보할 필요가 없는 호랑이에게 인정 욕구가 있다면 얼마나 어색하겠어요? 이런 맥락에서 보면 인간은 오히려 무리에 소속되고 무리로부터 인정받기를 갈구하는 공동체 지향적 본성이 있다고 말할 수 있습니다.

그런데 인류의 오랜 진화 과정에서 극히 최근에 등장한 자본주의 시스템에서는 생존과 번식을 위해 '공동체'보다는 '화폐'를 섬겨야 합니다. 원시 공동체 사회에서는 수렵과 채집 활동으로 얻은 것을 함께 나눠 먹고 살았지만 자본주의 사회에서는 혼자서 모든 것을 감당해야 합니다. 아이가 아파도 내 돈으로 치료해야 하고, 아이가 대학에 가도 내 돈으로 학비를 대야 합니다. 생존에 필요한 모든 것을 혼자서 해결해야 하는 자본주의 사회에서는 당연히 이기심만이 자신을 구원할 수 있습니다. 어쭙잖게 다른 사람을 배려하고 다른 사람의 입장을 생각한다면 경쟁에서 뒤처질뿐더러 호구가 되기 십상입니다. 자기 것만 잘 챙기는 약삭빠른 사람이 승진도 잘하고 돈도 잘 법니다. 생존하려면 윗사람에게 굽실거려야 하고 부당한 대우를 받고 모욕을 당하더라도 참아야 하지요. 이런 일을 먼저 겪은 부모는 자식에게 돈 잘 버는 의사, 변호사 같은 전문직 종사자가 되기를 권유합니다. 간, 쓸개 빼놓고 살아야 하는 노동자의 설움을 자식에게는 물려주고 싶지 않겠지요. 아이에게 공부를 잘해야 한다고, 좋은 대학에 가야 한다고 강요합니다. 우리 사회에서는 좋은 대학을 나와야 전문직 종사자가 되기 쉬우니까요.

자본주의 게임의 법칙은 자연스럽게 '학교'로 스며듭니다. 친구를 누르고 더 좋은 점수를 얻어야 원하는 학교에 진학할 수 있습니다. 말로는 협동심과 타인에 대한 배려를 강조하지만 학교생활 하나하나가 점수화되어서 생활기록부에 남습니다. 그 자료가 상급학교 진학을 위해 제출해야 할 서류가 되기 때문에 학생들이 받는 스트레스가 이만저만이 아닙니다. 극심한 학업 스트레스로 인해 스스로 목숨을 끊기도 합니다. 이를 두고 대한민국 학부모의 비정상적 교육열 탓에 교육이 망가졌다고 진단한다면, 현상만 보고 본질은 파악하지 못한 것입니다. 그 어느 부모가 자식에게 노동자로 살아가는 서글픔과 고단함을 물려주고 싶겠습니까? 이렇듯 자본주의 사회와 그 게임의 법칙은 우리에게 이기적으로 살라고 강요합니다.

모든 것이 돈으로 거래되는 자본주의 상품사회에서는, 시장의 무한 경쟁에 내몰려 공동체 구성원 사이의 유대감을 상실하고 통장 잔액에 의지합니다. 안타깝게도 우리는 '천상천

하유아독존'일 수 없습니다. 공동체 구성원으로부터 인정받았을 때 안도감과 행복감을 느끼도록 진화해 온 '인간'이지요. 차갑고 메마른 화폐 관계 속에서는 공동체에 대한 진정한 소속감을 얻을 수 없습니다.

그런 이유로 자본주의 사회에서 적지 않은 사람들이 소외감으로 인해 정신적 양식이 결핍되어, 심하면 우울증과 공황장애 등 정신적 영양실조에 시달립니다. 산업화가 고도로 진행되면서 정신적으로 불안정한 사람이 폭증하는 이유가 바로 여기에 있습니다. 인간을 고립시키고 외롭게 만드는 자본주의 시스템이 오랜 진화 과정에서 형성된 인간의 공동체적 본성과 충돌하는 것이지요. 그 모순과 갈등이 정신질환이라는 증상으로 나타납니다. 그러므로 오히려 자본주의가 인간의 공동체적 본성과 맞지 않습니다.

'보이지 않는 손'의 파산, 그리고 자유의 민낯

자본주의가 시장가격을 통해 수요와 공급을 신축적이고 효율적으로 조절할 수 있다는 주장도 현실과는 거리가 멉니다. 경험적으로 보면 자본주의 시스템은 주기적으로 '경제공황'이 발생하는 경향이 있습니다. 우리나라의 경우를 보면 1997년의 IMF 외환위기*, 2007년의 미국 서브프라임 모기지 사태*, 2020년의 코로나19로 인한 경제위기, 이렇게 대략 10년 정도의 주기로 경제위기가 오는 것을 알 수 있습니다. 상품 가격의 등락을 통해 수요와 공급이 적절하게 균형을 이룰 수 있다면 도대체 왜 이렇게 파괴적인 경제공황이 발생할까요? 경제공황이 발생하면 상점에는 물건이 팔리지 않아서 재고가 넘치는데, 막상 사람들은 물건을 살 돈이 없어서 큰 어려움을 겪습니다. 수요와 공급의 완전한 부조화가 일어나는 겁니다.

공동체의 통제에서 벗어난 자유방임형 자본주의에서는 필연적으로 공급과 수요의 불일치가 발생해, 그 결과 경제공황으로 이어집니다. 그 과정은 대략 이러합니다. 재화 및 서비스를 제공하는 기업은 기본적으로 상품을 더 많이 생산해 판매할수록 이윤이 발생합니다. 그렇기 때문에 한창 경제 상황이

블랙먼데이(1987년)

인플레이션, 금리 상승, 달러 약세 불안을 배경으로 1987년 10월 19일 월요일, 뉴욕 증권시장에서 일어난 주가 대폭락 사건을 뜻한다.

IMF 외환위기(1997년)

세계적으로 무역을 할 때 주로 달러를 이용한다. 그런 이유로 나라마다 거래에 필요한 달러를 충분히 확보해야 한다. 1997년 한국은 보유 달러 부족으로 국가 파산의 위기까지 갔다. 당시 IMF(국제통화기금)로부터 급히 달러를 빌려 위기를 모면했지만, 대신 IMF가 강요하는 가혹한 구조조정 프로그램을 받아들여야 했다.

서브프라임 모기지 사태(2007년)

서브프라임 모기지는 신용도가 낮은 사람이 주택을 구입할 때 해당 주택을 담보로 잡아 돈을 빌려주는 대출상품이다. 2007년에 미국의 초대형 모기지론 대부업체들이 파산하면서 시작되어, 미국만이 아닌 국제금융시장에 신용 경색을 불러온 연쇄적인 경제위기를 말한다.

경제위기 10년 주기설

대략 10년마다 세계적인 규모의 경제위기가 발생하거나 금융시장이 큰 충격을 받는 현상을 일컫는 말이다.

좋을 때는 대부분의 기업이 더 많은 이윤을 얻기 위해 빚까지 내면서 경쟁적으로 생산을 늘리게 됩니다. 물 들어올 때 노 저어야 하니까요. 은행도 이자 수익을 늘리기 위해 대출을 확대하고요. 경제가 좋으니 대출받은 사람들이 이자와 원금을 잘 갚을 거라 생각하는 것이지요. 소비자들도 호황 분위기에 취해 신용카드를 팍팍 긁고 할부를 돌려 가며 소비를 늘립니다. 이렇게 공급과 수요 모두 거품처럼 팽창하지요. 이른바 '과잉생산'이 발생하는 겁니다. 하지만 빚까지 내 가며 부풀어 오른 장밋빛 경제 상황이 언제까지나 지속될 수는 없습니다. 과도하게 부푼 거품은 작은 계기만 있어도 터질 수 있어요. 그 계기가 외환 부족일 수도 있고, 부동산 거품일 수도 있고, 코로나 바이러스일 수도 있을 뿐이지요.

빚으로 지탱하던 경제의 거품이 꺼지는 순간은 매우 고통스럽습니다. 좋은 경기에 기대어 한껏 만들어 놓은 상품이 팔리지 않으면 기업은 어떤 상황에 빠질까요? 은행에 대출 이자도 갚아야 하고 자재를 구매하면서 끊어 준 어음°도 막아야 하는데, 상품

어음

돈을 줘야할 측에서, 나중에 지급하겠다고 약속하면서 상대에게 발행하는 문서.

이 팔리지 않으니 창고에 재고만 쌓이고 돈은 없습니다. 심지어 노동자들에게 월급을 줄 돈도 부족해지지요. 상황이 어렵다는 것을 눈치 챈 은행에서는 대출금 일부라도 회수하려고 기업을 더욱 압박합니다. 기업이 어려워지면 은행도 흔들립니다. 기업으로부터 이자도 제대로 못 받고 원금마저 떼이니 은행의 재무 상태가 나빠집니다. 그렇다 보니 은행은 더욱 대출 심사를 강화하고, 부실 대출의 경우 원금을 회수하려고 노력합니다. 그 결과 시중에서 돈을 구하기 어려워지는 신용 경색* 현상이 일어나지요.

금리*도 급등합니다. 금리는 돈의 사용료라고 생각하면 이해가 쉽습니다. 시중에서 돈을 구하기 어려우니(돈의 공급량 급감) 수요-공급의 법칙에 따라 금리(돈의 사용료)가 대폭 상승하는 것이지요. 금리가 급등하면 기존에 변동금리*로 대출받은 가계나 기업의 이자 부담이 증가합니다. 늘어난 이자를 감당하지 못한 기업이 추가로 도산합니다. 기업 도산의 여파로 은행 부실화는 가속화되고, 심한 경우 은행조차 파산합니다. 이렇게 공황 시기에 경제는 악순환

신용 경색

금융기관이 미래 불확실성을 대비하기 위해 돈을 제대로 공급하지 않아 기업들이 자금난을 겪는 현상이다.

금리

돈을 빌린 사람은 일정 기간 동안 돈을 쓰고 난 다음 빌린 원금 외에 돈을 쓴 데 대한 대가를 지급하는데 이를 이자라 하며, 이자의 원금에 대한 비율을 이자율 또는 금리라고 한다.

변동금리

대출 기간 동안 시장금리 변화에 연동하여 지급할 이자가 변하는 금리.

을 거듭하며 바닥을 모르고 곤두박질칩니다. '보이지 않는 손'이라는 신화가 말 그대로 신화일 뿐이라는 것이 적나라하게 드러나는 순간이지요.

마지막으로 자유에 대해서도 이야기해 볼까요? 자본주의의 또 다른 장점으로 '자유'를 언급했는데, 그 자유 역시 자본주의 사회에서는 돈 있는 사람만이 누릴 수 있는 자유일 뿐입니다. 부유한 집안의 자식들은 비싼 등록금 걱정하지 않고 대학 시절의 자유와 낭만을 마음껏 만끽하지만, 가난한 집안의 자식들은 대학 등록금과 생활비가 부족해 아르바이트로 돈을 벌어 메워야 합니다. 강남에 건물을 여러 채 보유한 부자들은 정기적으로 꽂히는 임대료로 생계 걱정 없이 여유롭게 해외여행, 맛집 탐방, 백화점 쇼핑 등을 즐깁니다. 하지만 비정규직 노동자들은 생계를 위해 새벽같이 출근해 밤늦게 퇴근하는 것이 일상사입니다. 그런 삶에서 '자유'란 사치스러운 단어일 뿐이지요. 소수 부유층의 자유를 위해 다수 노동자의 자유가 억압되는 시스템이 바로 자본주의의 실체입니다.

자본주의 찬성 VS 반대

자본주의 찬성

1   자본주의는 인간의 본성과 가장 잘 어울리는 시스템이다. 왜냐하면 더욱 많은 부를 축적하려는 인간의 이기적인 본성은 경제 발전의 원동력이 되고, 자본주의 시스템은 개인의 부 축적을 보장해 주기 때문이다.

2   자본주의는 신축적이고 효율적이다. 시장에서는 수요와 공급의 변동에 따라 가격이 오르고 내린다. 따라서 가격의 등락을 통해 자연스럽게 수요와 공급이 조절되고, 경제적 자원과 인력이 배분되면서 적절한 균형점을 찾아가는 것이 바로 자본주의 시스템의 장점이다.

3   자본주의는 경제 활동에서 개인의 자유를 최대한 보장한다. 개인의 재산에 대한 '소유권'을 보장하기 때문에 누구라도 열심히 노력하면 부자가 될 수 있으며, 가진 만큼 대접받을 수 있다.

자본주의 반대

1 자본주의 사회의 극심한 빈부격차는 능력 차이 때문이 아니라, 자본주의 시스템의 구조적 문제이다. 카를 마르크스는 『자본론』에서 자본주의의 착취 구조를 낱낱이 밝혔다. 이윤을 최고의 가치로 여기는 자본주의 사회에서는 불평등 문제를 근본적으로 해결할 수 없다.

2 자본주의에서는 인간이 이윤 추구의 도구로 전락하며 비정규직, 청년실업, 산업재해 등의 문제 역시 이윤을 극대화하는 과정에서 비롯된다. 이윤이 나야 생산이 가능하다는 인식은 지극히 자본주의적인 환상일 뿐이다.

3 이기심이 인간의 본성이라는 것은 선입견일 뿐이다. 인간은 오히려 공동체적 본성을 갖고 있다. 자본주의 시스템은 이기심과 물신주의를 조장하기 때문에 인간의 공동체적 본성과 충돌을 빚는다.

4 자본주의 사회에서는 주기적으로 경제공황이 발생한다. 경제공황은 '보이지 않는 손'을 통해 수요와 공급의 조화를 이룬다는 주류 경제학의 주장이 얼마나 현실과 동떨어졌는지 여실히 보여준다.

3부

사회주의
찬성 VS 반대

저는 자본주의의 새로운 대안이 사회주의라고 생각해요.
그런데 우리나라가 여전히 남북으로 분단되어 있어서
많은 사람들이 사회주의에
안 좋은 생각을 가지고 있다고 생각해요.
선입견은 잠시 잊으시고 제 이야기를 들어 주세요.

오평등

모두가 행복한 세상을 꿈꾸는
사회주의를 찬성합니다

자본주의에 대해 비판적인 이야기를 하면 "그래! 자본주의가 문제 있다고 치자. 그러면 도대체 대안이 뭔데?"라는 항의를 많이 듣습니다. 이러한 반응은 우리가 자본주의 사회에서만 살다 보니 다른 형태의 사회를 떠올리는 게 어렵기 때문인 것 같아요. 조선 시대에도 양반과 상놈을 가르는 신분제도를 비판하면 "도대체 대안이 뭔데?"라는 소리를 듣지 않았을까요? 신분 차별이 없는 세상을 만들자고 하면 현실감각이 없다는 핀잔이나 들었을 겁니다. 그런데 지금은 어떤가요? 신분 차별이 없는 사회가 되지 않았나요? 이처럼 저도 빈부격차가 없는 사회를 만들 수 있는 대안으로 사회주의를 이야기해 보려고 합니다.

우선 사회주의와 자본주의는 생산의 목적이 다릅니다. 인간은 누구나 먹고살아야 생존이 가능하지요. 먹고살기 위해서는 우리에게 필요한 재화나 서비스를 생산해야 합니다. 자본주의 시스템은 생산의 목적이 생산수단을 소유한 자본가의 이윤 창출입니다. 자본가가 이윤을 벌어들여 더 많은 돈을 모으기 위해 생산이 이루어지지요. 그 때문에 발생하는 부작용은 이미 이야기했습니다. 반면에 사회주의는 생산수단을 자본가 개인이 아닌 사회가 소유하는 시스템이며, 생산의 목적 또한 이윤이 아닙니다.

예를 들어 자본주의 시스템에서는 빵을 만드는 목적이 빵 공장 사장의 이윤을 극대화하는 것이지만 사회주의 시스템에서는 빵을 만드는 목적이 공동체 구성원의 필요와 욕구를 충족시킬 수 있도록 적기에 적정량의 빵을 생산해 원활하게 공급하는 것입니다.

사회주의는 계획이 다 있구나!

생산 활동의 궁극적 목적이 다르다 보니 자본주의 기업과 사회주의 기업은 운영방식에 큰 차이가 있습니다. 자본주의 기업은 이윤 추구를 목적으로 삼아 순전히 기업 자체의 판단으로 재화와 서비스의 생산을 결정합니다. 생산 설비 확대에 얼마를 투자하고 상품을 얼마만큼 생산해서 시장에 내놓을지를 결정하는 것이 순전히 개별 기업 차원의 문제라는 것이지요. 왜냐하면 생산수단에 대한 소유권과 통제권은 자본가에게 귀속되기 때문입니다. 자본가의 '자유로운' 경제 활동을 최대한 보장하는 것이 자본주의 시스템의 취지니까요.

하지만 사회주의 기업은 어떤 특정 자본가 개인의 소유가 아닙니다. 공동체가 함께 소유하는 공공재이지요. 사회주의 사회에서는 대부분의 기업이 공공재입니다. 그러한 기업에서는 상품을 시장에 판매해 수익을 거두는 것이 목표가 아니라 사회 공동체에 필요한 재화를 필요한 만큼 적기에, 그러니까 부족하지도 넘치지도 않게 제때 공급하는 것이 최우선 목표입니다. 그렇기 때문에 사회주의 시스템에서는 공동체 차원의 경제계획이 재화와 서비스의 생산과 분배에 중요한 역할

을 하지요.

전국 곳곳에 전기를 공급하는 공기업을 예로 들어 볼까요? 공기업이니 전기를 팔아서 최대한 많은 돈을 버는 게 목적이 아니라, 국민 누구라도 차별받거나 배제되지 않고 전기 에너지를 합리적인 가격에 이용할 수 있도록 운영하는 것이 중요하겠지요. 기업의 목적이 그러하기 때문에 사람이 많이 살지 않는 두메산골에도 전기가 들어갈 수 있도록 시설을 확충합니다. 만약 자본주의 기업이라면 두메산골에 전기를 보내는 일은 추진하기 어려울 거예요. 두메산골 주민으로부터 받을 수 있는 전기요금이 두메산골에 전기를 보내는 데 드는 비용보다 훨씬 적을 테니까요. 이해타산으로 접근하면 도저히 불가능한 일이지만, 공공성을 중요하게 생각하는 사회주의 시스템에서는 가능합니다.

만약 전기가 민영화*된다면 어떤 일이 벌어질까요? 이윤을 우선으로 하는 민간 전력 회사 입장에서는 전기를 되도록 많이 생산해 판매해야 더 많은 수익을 얻을 수 있습니다. 그러므로 아무런 규제 없이

민영화

국가 및 공공단체가 특정 기업에 대해 갖는 법적 소유권을 주식매각 등의 방법을 통해 민간부문으로 이전하는 것을 말한다.

자본주의 시장 시스템에만 맡긴다면 전기의 과다생산과 과소비가 조장될 가능성이 높지요. 여러 전력 기업이 경쟁 중이라면 송전망 같은 것을 각 회사마다 따로 구축하면서 심각한 중복투자* 문제도 발생하게 될 거고요. 사회적인 비효율과 낭비가 발생하게 되는 것입니다. 하지만 사회주의 기업에서는 사회 전체의 전력 수요를 예측해 계획을 수립하고 낭비가 일어나지 않도록 효율화된 전력 생산과 송전이 가능합니다. 또한 단일한 송전망을 구축해 중복투자 문제도 발생하지 않을 거고요.

사회주의 시스템이 전면화되고 고도화될수록 이러한 경제계획이 사회의 전 영역에서 정밀하게 수립되고 시행됩니다. 사회 대부분의 영역이 공기업이 된다고 이해하면 쉬울 것 같네요. 앞서 자본주의 시스템에서는 방임형 시장경제의 특성 때문에 과잉생산이 발생하고 그것이 경제공황으로 이어진다고 지적했습니다. 하지만 사회주의 시스템에서는 국가 차원의 계획을 통해 산업 각 부문의 생산이 조절되기 때문에 자본주의 시스템 같은 주기적이고 파괴적인

중복투자

설비를 갖추기 위해 투자할 때 계획성이 없이 추가 투자가 중복되는 일을 뜻한다. 이 중투자라고도 함.

경제공황이 발생하지 않습니다.

누구나 일자리를 얻으며 빈부격차가 적은 사회

사회주의의 장점은 완전고용[*]과 경제적 평등에 있습니다. 알다시피 자본주의 시스템에서는 실업자가 상시로 존재합니다. 물론 경제 상황이 좋으면 실업자의 수가 다소 줄어들지만, 상당 규모의 실업자군이 일상적으로 존재하는 것은 부인할 수 없는 사실입니다. 게다가 경제 상황이 나빠지면 실업자 수는 급격히 증가합니다. 자본주의 사회에서는 일반 서민들이 먹고살기 위해 일자리를 얻어야 합니다. 일자리를 가져야 임금을 받아서 그 돈으로 생계를 꾸려 갈 수 있습니다. 그런데 자본주의 시스템은 일하기를 원하는 누구에게나 빠짐없이 일자리를 제공하지는 못합니다. 알다시피 자본주의에서는 사람을 고용할지 말지가 전적으로 기업의 소유주인 자본가에게 달렸습니다. 일반적으로 자본가는 사람을 고용

완전고용

일할 능력이 있고 일하고 싶어 하는 사람이 모두 고용되어 실업자가 없는 상태의 고용.

했을 때 들어가는 임금보다 더 많은 돈을 벌 수 있다는 확신이 있어야만 노동자를 채용합니다. 그렇지 않으면 손해가 나기 때문이지요.

게다가 대규모의 실업자가 존재하는 환경은 자본가에게 유리합니다. 언제든 대체 인력을 손쉽게 구할 수 있으니 노동자와의 협상에서 갑의 입장이 됩니다. 당신이 없어도 일할 사람 많다고 하면 그만이니까요. 경제 상황이 좋아져서 급하게 노동자를 뽑아야 할 상황이 되어도 언제든 적당한 임금 수준으로 실업자군에서 선별해 어렵지 않게 고용할 수 있지요. 만약 사회가 완전고용 상태에 가까워서 실업자가 거의 없는 상황이라면 자본가는 사업이 잘되어서 생산 규모를 확대하고 싶어도 원하는 인력을 구하기 어려울 것입니다. 그런 상황이라면 노동자 입장에서는 자본가가 자신을 쉽게 자를 수 없다는 것을 알기 때문에 위축되지 않고 당당하게 자신의 권리를 주장할 수 있겠지요.

앞에서도 이야기했듯이 대규모 실업자군의 존재는 자본가에게는 유리한 환경일지 모릅니다. 하지만 사회적으로는 전혀 바람직하지 않습니다. 일할 능력도 있고 의지도 있지만 자본가의 이윤 추구에 도움이 되지 않는다는 이유만으로 수

많은 사람이 생계를 걱정하며 일자리를 얻지 못하고 있다면 사회적으로도 얼마나 비효율적이고 낭비입니까. 하지만 사회주의 사회에서는 다릅니다. 이윤이 생산의 목적이 아니기 때문에 국가 공동체에서 사회 구성원이 자신의 적성과 능력을 발휘할 수 있는 일자리를 얻을 수 있도록 적극적으로 도와줍니다. 한 사람을 더 채용했을 때 들어가는 비용과 그에 따른 수익을 따지는 것보다는, 사회의 모든 구성원이 일자리를 가지고 사회에 기여하면서 보람을 느끼고 물질적으로 안정된 생활을 하는 것이 더 우선순위이기 때문이지요. 그래서 사회주의 시스템에서는 어렵지 않게 완전고용을 달성할 수 있습니다.

다시 말해, 사회주의에서는 경제적 불평등이 해소되고 높은 수준의 평등을 이룰 수 있습니다. 자본주의 사회에서는 생산수단을 소유한 자본가가 이윤을 극대화하기 위해 인건비를 가능한 한 낮추려고 노력합니다. 정규직보다 인건비도 싸면서 해고하기도 쉬운 비정규직을 대폭 늘리고, 노동자들이 단결하여 노동조합을 결성하면 마치 회사가 망하는 것처럼 호들갑을 떱니다. 노동조합이 결성되면 노동자의 협상력이 커져서 예전처럼 저임금에 열악한 근로조건으로 일을 시키기 어렵기 때문이지요. 하지만 사회주의 시스템에서는 노동자의 임금이 국가 공동체의 경제계획에 의해서 결정됩니다. 사회주의 경제 시스템은 국가 구성원 누구나 일자리를 갖고 자아실현을 하는 동시에 공동체의 발전에 기여하도록 하며 구성원의 물질적, 정신적 삶의 질을 전보다 개선하는 게 목적입니다. 그래서 노동자의 임금도 기업의 이윤을 극대화시키기 위해서가 아니라 공동체의 발전과 풍요로운 삶의 영위를 위해 결정합니다. 누구나 기본적인 삶을 영위할 수 있으면서, 동시에 열심히 일할수록 더 많은 보람을 느낄 수 있도록, 평등하고 공평한 임금 체계를 사회적 의사결정 과정을 통해 수립하는 거예요.

사회주의라고 하면 모두에게 동일한 임금을 지급한다는 식으로 착각하는 경우가 많습니다. 그렇지 않아요. 사회 구성원 모두가 기본적인 생활을 영위할 수 있도록 하면서, 동시에 사회의 발전에 더 많이 기여하면 그에 합당한 추가 대가를 얻을 수 있는 경제적 유인도 고려합니다. 그렇다고 임금을 무작정 올리는 식으로 경제가 운용된다면 사회적으로 부담이 되겠지요. 연구개발 비용이나 새로운 산업투자에 필요한 사회적 재원이 줄어들 수 있으니까요. 사회의 발전을 위해서 필요한 여

력을 남겨 두면서도 사회 구성원 모두가 행복한 삶을 영위할 수 있는 적정한 수준의 임금을 사회적 토론과 합의를 통해 결정해 경제계획에 반영하는 겁니다. 이러한 경제 운용을 통해 자본주의 사회에서는 달성할 수 없는 높은 수준의 경제적 평등과 공정성을 달성할 수 있습니다.

사회주의 시스템이 정착되는 과정에서 복지사회로서의 면모가 더욱 탄탄해집니다. 따로 병원비나 등록금을 내지 않아도 사회의 구성원이라면 누구나 보편적으로 이용할 수 있도록 공공복지 서비스가 제공됩니다. 공공 임대주택이 대폭 확충되어 적절한 임대료만 지급하면 굳이 목돈을 들여 집을 소유하지 않아도 누구나 거주가 안정될 수 있는 정책이 실시됩니다. 부부가 아이를 낳으면 육아에 집중할 수 있도록 유급휴가 정책이 폭넓게 시행됩니다. 일과 삶의 균형을 위해 장시간 근로를 지양하고 생산력이 발전함에 따라 노동시간을 더욱 단축합니다. 사회주의 시스템이 발전할수록 공동체 구성원의 생계에 필요한 물품 중 더 많은 것이 복지정책의 일환으로 무

**물질
만능주의**

돈을 가장 소중한
것으로 여겨 지나
치게 돈에 집착하
는 사고방식이나
태도.

상 지급됩니다. 이러한 방향으로 사회가 발전해 나
가면 내가 받는 임금은 생계유지를 위해서가 아니라
여가 활동과 창의적 활동에 사용할 수 있습니다. 누
구나 악기를 하나씩 익혀서 즐기고 지역 주민들과
어울려 독서도 하고 공연도 관람하면서 여유로운 삶
을 즐길 수 있게 되는 것이지요.

사람들이 이러한 환경에서 살게 되면 자본주의
사회에서와는 다른 심성을 갖게 됩니다. 앞서 자본
주의는 사람을 무한경쟁으로 내몰아 이기심과 물질
만능주의°를 조장하는 단점이 있다고 지적했습니다.
하지만 사회주의 시스템에서는 누구나 기본적인 물
질적 삶과 여가를 즐길 수 있는 시간이 보장되기 때
문에, 사람들이 경쟁에 치여 아등바등 살 이유가 없
습니다. 빈부격차도 적으니 딱히 열등감과 소외감을
느낄 이유도 없고요. 그러므로 직장에서 수행하는
일이 단순히 생계를 위한 것이 아니게 됩니다. 수준
높은 복지 시스템으로 인해 누구나 기본적인 삶이
보장되기 때문에 자신이 수행하는 일을 통해 사회에
기여하고 있다는 높은 수준의 자존감을 갖게 되며,

업종에 따른 임금격차도 적으니 직업의 귀천을 가리는 문화가 사라집니다. 오히려 힘들고 남들이 꺼리는 일을 묵묵히 하는 사람이 더 많은 임금을 받고 사회적으로도 존경받는 분위기가 형성됩니다.

1만 원 1표가 아닌, 1인 1표의 사회

앞서 이야기했듯이 자본주의 시스템의 지상목표는 이윤 추구입니다. 그렇기 때문에 인간은 수단이자 도구로 전락하기 쉽습니다. 하지만 사회주의에서는 인간이 수단이 되는 것이 아니라, 오히려 인간의 행복 그 자체가 목표가 됩니다. 그러한 사회 분위기에서 사회 구성원은 소속감과 안위를 느끼며 사회적 불안이나 억압에서 오는 스트레스로부터 자유로워집니다. 자본주의 사회의 부산물인 배타적인 이기심이나 물질 만능주의는 사라지고 공동체적 심성이 함양되는 사회 분위기가 조성됩니다.

이러한 사회 분위기 속에서 민주주의는 사회의 모든 영역에서 꽃을 피우게 됩니다. 솔직히 말해 자본주의와 민주주의는 양립하기 어렵습니다. 일반적으로 민주주의라고 하면 누구나 동등하게 1표씩 행사하는 의사결정 과정을 떠올립니다. 만약 투표할 때 부자는 100표씩 행사하고 가난한 사람은 1표밖에 없다면 우리는 그런 시스템을 민주주의라고 부르기 어려울 것입니다. 자본주의 경제 시스템은 1인 1표 시스템이 아니라 1만 원 1표 시스템입니다. 자본주의 시장은 철저하게 돈을 중심으로 의사결정이 이루어집니다. 그렇기 때문에 필연적으로 표(1만 원)를 많이 가진 자본가 중심으로 돌아갈 수밖에 없습니다. 그런 시스템에서 권력이 자본가 계급에 몰리는 것은 자명합니다.

한번 생각해 보세요. 초등학교 반장도 1인 1표 선거로 뽑는 세상인데, 회사 사장은 직원들 투표로 뽑지 않잖아요. 가장 민주화가 덜된 영역이 바로 자본주의 기업입니다. 사실상 자본가의 독재가 이뤄지는 영역이지요. 사람들이 그곳을 일터로 삼아 하루 대부분의 시간을 보냅니다. 이러니 4년에 한 번씩 선거로 국회의원 뽑고 대통령 뽑으면 뭐하나요? 매일 반복되는 일상이 비민주적인데요. 사회주의 사상가 카를 마르크스는 자본주의 사회에서 노동자는 사실상 임금을 받는 노예나 다름없다고 주장했습니다.

더 나아가 그나마 1인 1표 투표가 실시되는 정치의 영역에
서조차 그 속살을 들여다보면 진정한 민주주의라고 보기 어
렵습니다. 국민의 대표라고 하는 국회의원 300명의 면면을 보
세요. 그 사람들이 과연 보통 국민의 대표일까요? 국민 대다
수가 노동자이고, 그중 상당수가 비정규직 노동자인 상황입니
다. 그런데 국민의 대표라는 사람들 300명 중에 비정규직 노
동자가 과연 얼마나 될까요? 소상공인은? 실업 문제로 고통
받는 청년의 대표는? 그 300명 중에는 우리의 모습을 닮은 이
들을 찾아보기가 어렵습니다. 300명 중 95% 이상이 기득권층
이거나 그들과 인맥, 혼맥, 학맥 등으로 긴밀하게 연결된 사람
들입니다. 나머지 5%도 안 되는 소수만이 그나마 우리와 조
금 비슷한 사람들이지요. 1인 1표가 이루어진다 한들, 이러한
상황에서 국민의 의사가 반영되는 진정한 민주주의가 실현될
수 있을까요?

경제적 평등이 실현된 사회주의 사회에서는 누가 국회의원
이 되든 전부 나와 비슷한 사람들입니다. 그렇기 때문에 진짜
'나'를 대변하는 정치가 가능해집니다. 기업 역시 자본가의 이
익을 위해 운영되는 것이 아니라, 일터에서 수고하는 직원들
이 중요한 의사결정에 참여하는 민주적 공동체로 바뀝니다.

그렇기 때문에 사회주의에서는 사회의 모든 영역에서 진정한 민주주의가 실현될 수 있는 것입니다.

자본주의의 대안이 사회주의라고요?
저는 이 주장에 동의할 수 없어요.
사회주의야말로 이미 실패한 사회 시스템 아닌가요?
제가 왜 사회주의를 반대하는지 한번 이야기해 볼게요.

나소유

경제 활동의 의욕을 떨어뜨리는 사회주의를 반대합니다

　오평등의 이야기만 들으면 정말 인류가 사회주의를 통해 지상낙원을 만들 수 있을 것만 같네요. 자본주의를 옹호하는 저조차도 오평등이 이야기하는 세상이 진짜 현실에서 이루어지면 좋겠다는 생각이 들 정도였으니까요.

　하지만 사회주의의 한계는 바로 이윤 동기가 사라진다는 점에서 찾을 수 있습니다. 경제 활동을 통해 부를 거머쥘 기회가 사라지면 혁신을 만들어 낼 창의력이 저하되고 경제 활동의 의욕이 떨어지기 때문입니다. 알다시피 자본주의 사회에서는 끊임없는 혁신을 통해 새로운 상품이 쉼 없이 등장하게 되고, 사람들은 그런 상품을 통해 더욱 편안하고 풍요로운 삶을 누릴 수 있습니다. 텔레비전, 자동차, 비행기, 세탁기, 에어컨, 컴퓨터, 스마트폰, 인공지능 등의 상품이 우리의 삶을 얼마나 놀랍게 바꿔 놓았는지 따로 설명할 필요는 없겠지요. 이렇게 새로운 상품이 등장할 수 있었던 이유는 혁신적인 아이디어를 가진 자본가가 경제적으로 큰 이익을 기대하며 사업을 벌였기 때문입니다.

이윤 동기가 사라지면 창의력과 혁신도 사라진다

만약 혁신적인 상품을 개발하고 판매해서 거대한 부를 거머쥘 가능성이 없었다면 자본가가 열심히 새로운 상품을 개발할 의욕이 생기지 않았을 것이고, 지금 우리가 누리는 화려하고 눈부신 경제 발전의 성과는 불가능했을 겁니다. 자본가가 거대한 부를 축적할 수 있는 것은 그러한 혁신과 도전정신에 대한 대가입니다. 자본가가 노동자에게 약속한 임금을 지급하고 이런저런 비용을 공제한 후에 남은 돈을 이윤으로 가져가는 게 뭐 그렇게 잘못됐나요? 자본가가 성공적으로 기업을 이끌기 때문에 노동자도 꼬박꼬박 임금을 받을 수 있는 거

기회비용

어떤 것을 선택함
으로써 포기해야
하는 비용.

고요. 그렇기 때문에 빈부격차는 경제 발전을 위해
서 감수해야 할 기회비용*이라고 생각합니다.

사회주의 시스템에서 설사 능력이나 성과 및 직
업의 고된 정도에 따라 추가적인 보상을 준다고 하
더라도, 그 본질상 특정인에게 거대한 부가 집중되
기는 어려운 시스템입니다. 어떤 분야에서 큰 성취
를 이루더라도 기대되는 경제적 보상이 자본주의 시
스템에 비해 상당히 적다는 뜻입니다.

미국 메이저리그에는 사회주의 국가인 쿠바에서
미국으로 이주해 선수 생활을 하는 이들이 있습니
다. 그 선수들이 쿠바에서 계속 야구를 했다면 미국
메이저리그 구단에서 지급하는 연봉에 훨씬 못 미치
는 수입을 얻었겠지요.

미국 메이저리그 수준이 높은 것은 뛰어난 활약
을 하는 선수들에게 엄청난 연봉을 지급하기 때문입
니다. 능력을 발휘해 스타가 되면 거대한 부를 거머
쥘 수 있다는 희망이 있기 때문에 선수들이 기술을
갈고 닦으며 훈련에 매진합니다. 이러한 경쟁과 보상
시스템은 자본주의의 번영을 이뤄낸 핵심 기제입니

격차사회

중간 계층의 붕괴 과정에서 나타나는 경제·사회 양극화 현상을 일컫는 말.

다. 이런 지점에서 사회주의는 자본주의보다 취약할 수밖에 없습니다. 사회주의 사상이 본질적으로 격차사회*보다는 평등사회를 추구하고, 경쟁보다는 연대와 협력을 추구하기 때문이지요. 물론 격차사회가 바람직하고 경쟁이 연대와 협력보다 더 좋다는 건 아닙니다. 각자 나름의 장점이 있을 수 있어요. 그럼에도 평등만 추구하고 연대와 협력만 이야기해서는 경제 발전이 더딜 수밖에 없습니다. 경제 발전이 더디면 사회 전체의 부가 증가하는 속도도 느릴 수밖에 없고 결과적으로 개인의 삶의 질 개선 속도도 떨어지게 됩니다.

저도 평등, 연대, 협력의 좋은 취지를 부정하지 않아요. 다만 취지가 좋다고 해서 결과가 좋지만은 않다는 겁니다. 열심히 일하지 않아도 다들 고만고만하게 살 수 있는데, 누가 혁신을 할 것이며 새로운 것에 도전하겠습니까? 사회주의 시스템의 취지는 이상적이고 좋을지 몰라도, 현실에서는 필연적으로 나태함과 발전의 정체를 낳게 될 것입니다.

과연 경제가 계획한 대로 굴러갈까?

사회주의의 특징이라는 계획경제도 현실에서 잘 돌아갈지 의문입니다. 자본주의 시장에서는 '보이지 않는 손'이 가격 신호를 통해 경제 활동이 균형점을 찾도록 안내하는 역할을 합니다. 오펑등은 '보이지 않는 손'이 제대로 작동하지 않는다고 이야기했지만 저는 그 말에 동의할 수 없습니다. 지금도 다양한 재화와 서비스의 가격이 끊임없이 변동하는 가운데 수많은 경제 활동 참여자들이 그 가격의 변화를 관찰하며 대응하고 있지 않나요? 만약 '보이지 않는 손'에 문제가 있었다면 자본주의는 진작 망했을 겁니다. 하지만 여전히 잘 돌아가고 있잖아요. 사회주의 시스템에서는 이러한 가격 신호의 역할을 공동체의 경제계획이 대신한다고 말합니다. 그런데 한번 생각해 보세요. 우리 사회에는 재화와 서비스가 얼마나 방대하고 다양합니까. 당장 인터넷 쇼핑몰에만 접속해도 별의별 기상천외한 상품이 구매자를 기다리고 있습니다. 과연 사회주의 시스템에서 인간이 작성한 경제계획으로 그 다양한 재화와 서비스의 공급과 수요를 일일이 통제하고 조율할 수 있을까요?

자동차 한 대를 만드는 데도 엄청난 가짓수의 부품이 들어

가며 그런 부품을 만드는 협력업체의 수도 많습니다. 자동차 하나만 들여다봐도 그러한데, 더 다양한 제품과 그것에 들어가는 부품 및 원료의 수량, 그리고 공동체 구성원이 각 재화나 서비스를 얼마나 필요로 하는지에 관한 수요 예측을 인간이 일일이 조율할 수 있을까요? 그러한 경제계획을 세우는 데 너무나 많은 인력과 자원이 투입될 것이고, 설사 그렇게 수립된 계획조차 예상치 못한 돌발 변수와 시시각각 변화하는 주변 상황으로 인해 제대로 기능하기 어려울 것입니다.

이런저런 경제계획을 세우고 그 계획에 맞춰 생산과 분배가 이루어지다가, 갑자기 코로나 바이러스 같은 문제가 발생하면 대혼란이 생기겠지요? 그야말로 예상치 못한 돌발 상황이니까요. 만에 하나 그런 돌발 상황에 대한 계획을 따로 세웠다고 한들, 과연 코로나 바이러스가 어느 정도 창궐할 것으로 가정하고 계획을 세울까요? 코로나 바이러스가 유행하는 정도에 따라서 일일이 경제계획을 다 세워 놓을까요? 이런 게 과연 가능할지, 가능하다손 치더라도 얼마나 비효율적일지 빤히 보입니다.

자본주의 시스템이라면 그러한 돌발 상황이 벌어졌을 때 시장가격이라는 '보이지 않는 손'의 조율에 의해 적절하게 새로운 균형점을 찾아가게 됩니다. 이것은 마치 물이 위에서 아래로 흐르는 것과 같은 자연법칙이에요. 그런데 사회주의에서는 물을 아래에서 위로 억지로 끌어올리려고 합니다. 그렇게 하려면 얼마나 많은 수고와 품이 들까요? 억지로 끌어올린 물은 결국 다시 아래로 내려가게 되지요. 인위적 계획경제는 경제의 자연법칙과 배치된다고 생각합니다.

계획경제의 문제는 여기에서 그치지 않습니다. 이런 식의 계획경제 시스템을 운영하게 되면, 경제계획을 수립하고 집행하는 국가기구에 권력이 과도하게 집중됩니다. 오평등은 앞서 자본주의 사회에서는 생산수단을 소유한 소수의 자본가에게 권력이 집중된다고 비판했습니다. 재벌과 같은 거대 독점기업*이 경제 분야에 강한 영향력을 끼치면서 막대한 자금력을 이용해 정치권력도 자신의 통제력 안으로 끌어들인다고 했지요. 그렇게 운영되는 사회는 민주주의라고 할 수 없고, 자본가의 독재가 이루어지는 사회라고 비판했습니다. 그런데 말입니다, 따지고 보면 사회주의 사회도 결코 그러한 비판에서 자유로울 수

독점기업

자본주의 경제의 시장 구조에서 하나 또는 소수의 기업이 생산과 판매를 독차지하고 있는 상태를 말한다. 독점 또는 독과점이라고도 함.

없습니다.

생각해 보세요. 국가 공동체의 경제 활동이 누군가가 계획한 대로 한 치의 오차 없이 굴러가기 위해서는 계획을 세운 그 '누군가'의 힘이 커야 하지 않겠어요? 그 권위가 인정되지 않는다면 그 '누군가'가 세운 계획에 따른 생산과 분배 또한 인정하지 않을 거예요. 그러므로 사회주의 시스템은 국가 경제계획을 수립하고 집행하는 경제 관료들에게 거대한 힘이 집중되는 시스템이라고 할 수 있습니다. 경제 관료들은 한 해의 생산량을 각 공장에 할당하고 그에 맞춰 원자재와 인력을 배치합니다. 물론 각 공장 구성원의 의견도 반영하고 참고해서 계획을 짜겠지만, 사회 전체의 그림과 설계도를 고려해 각 공장별 계획을 세우는 주체는 경제 당국*입니다. 복잡하게 생각하지 않더라도 이러한 시스템에서는 소수의 경제 관료들에게 강력한 권한이 집중될 수밖에 없음을 쉽게 예측할 수 있습니다. 마치 자본주의 사회의 자본가 계급처럼 말이지요.

국가의 경제계획을 전달받은 공장에서는 목표를

경제 당국
한 국가의 경제와 관련된 일을 직접 맡아 하는 기관을 뜻함.

달성하기 위해 일간, 주간, 월간 단위로 세부 계획을 수행해야 합니다. 자신들이 계획을 완수해야 해당 물품을 공동체 구성원들에게 원활하게 제공할 수 있기 때문이지요. 그런데 만약 한 공장에서 그 계획이 현실적이지 않다는 사실을 깨닫게 되었다면 어떻게 될까요? 국가 차원의 경제계획이 공장 단위의 세부 계획까지 오류 없이 100퍼센트 딱 맞을 리가 없잖아요. 공장 현장에서 경제 당국의 계획이 비현실적이라는 것을 깨닫고, 경제 당국에 계획이 현실적이지 않다고 이야기하면 경제 당국에서 "계획 수립 과정에서 오류가 있었으니 계획량을 다시 수정하겠다."라고 시원하게 답할까요? 아마 쉽지 않을 겁니다.

예를 들어 새 자동차 50만 대가 필요하다고 가정해 볼까요. 이 50만 대를 제공받을 기관이나 단체 혹은 개인에게 이미 생산 계획을 통보했을 겁니다. 각 기관, 단체, 개인은 새 자동차가 할당되는 것을 염두에 두고 나름의 운용 계획을 짰을 테고요. 만약 자동차 생산에 차질이 생기면 차량 배정을 다시 조정해야 할 텐데, 다들 차가 필요한 나름의 사정이 있지 않겠어요? 그걸 일일이 협상하면서 조정하는 과정이 얼마나 번거롭고 소모적일까요? 자동차 분야뿐만 아니라 다른 분야에서

관료주의

관료 정치 아래에 있는 관청이나 사회 집단에서 흔히 나타나는 독특한 행동 양식이나 의식 상태를 비판적으로 이르는 말.

도 계획을 달성하기 어려운 상황이 발생할 수 있습니다. 이렇다 보니 경제 당국 입장에서는 상황에 변화가 있더라도 웬만하면 원래 계획을 수정하지 않고 그대로 추진하는 쪽을 택하게 될 겁니다. 변화된 상황에 유연하게 대처하지 못하는 관료주의*의 경직성이 나타나는 것이지요.

엄청난 비효율을 낳는 계획경제

게다가 국가 계획을 통해 할당된 생산 목표를 달성하지 못하면 어쨌든 해당 기업의 구성원들은 좋지 않은 평판을 얻게 됩니다. 다른 기업들은 열심히 사회 공동체를 위해 성실하게 일해서 목표량을 달성했는데 너희들은 농땡이 피워서 그런 거 아니냐는 시선이지요. 그렇기 때문에 목표량을 달성하는 것이 가장 중요한 목표가 됩니다.

주어진 목표량을 쉽게 달성하기 위해서는 애초에 경제계획 목표량 자체가 좀 부담이 없는 쪽이 좋겠

지요? 목표는 좀 낮춰서 잡고 필요한 자원과 인력은 넘치도록 배정받는다면 목표 달성은 땅 짚고 헤엄치기일 테니까요. 사정이 이러하니 기업에서는 국가 경제 당국과 내년 생산 목표를 협의하면서 생산 목표치는 가능한 한 낮추면서도 자원과 인력은 가능한 한 많이 배정받을 수 있도록 요구하게 될 겁니다. 국가 경제 관료 역시 구체적인 생산 현장 상황을 알기 어려우니 아무래도 기업의 의견을 존중하게 되고요. 계획을 수립하는 당국자 입장에서도 실현 가능한 목표를 잡는 것이 나중에 문제가 발생할 확률이 적겠지요.

물론 국가의 최고 지도부는 경제 발전 성과를 내기 위해 경제 당국을 채근하겠지만, 그렇다고 의욕만 앞세워 비현실적인 목표에 맞춰 계획을 짜면 실패할 확률이 높으니 적절한 지점에서 타협점을 찾을 것입니다. 생산 목표치는 낮은데 인력과 자원은 과도하게 투입되니 결국 엄청난 비효율을 낳게 되겠지요.

물론 사회가 이런 식으로 운영되면 일하는 사람들은 부담이 적고 계획도 어렵지 않게 달성할 수 있습니다. 빈부격차도 적고 사회생활에서 받는 스트레스도 덜할 수 있고요. 하지만 계획경제의 경직성에 이러한 비효율성까지 겹치는, 소수의 국가 경제 관료에게 막강한 권한이 쏠리는 사회에서 과연 제대로 된 경제 발전을 기대할 수 있을까요? 자본주의처럼 비효율적인 기업이 도태되는 시스템도 아니니 인력과 자원을 최대한 투입해서 목표량만 적당히 채우면 무사안일인데요.

이러한 모습은 사실 자본주의 사회 내부에서도 찾아볼 수 있습니다. 바로 공무원 사회입니다. 정부 조직은 이윤 논리가 아닌 공익의 차원에서 운영된다고들 합니다. 물론 사회 공동체의 공동 번영을 위해서 충분히 납득할 수 있는 부분입니다. 하지만 이윤 논리를 배제하고 돌아가는 공무원 조직에서 우리는 경직성, 비효율성, 무책임을 쉽게 발견합니다. 그런 공무원 조직이 우리 사회 전체의 모습이 되는 것이 바로 사회주의입니다.

결국 현실 사회주의는 어떻게 되었나요? 자본주의와의 경쟁에서 패배해 역사의 뒤안길로 사라지지 않았나요? 소련도 무너졌고 동유럽의 여러 사회주의 국가도 자본주의 체제로 결국 바뀌었습니다. 그나마 남아 있는 북한, 쿠바 등도 우리가 추구해야 할 사회의 모습이라고 보긴 어려울 것 같습니다.

결론적으로 사회주의는 이론적으로는 그럴싸해 보일지라도

현실에는 이미 검증이 끝난, 결국은 실패한 사상이라고 생각
합니다.

사회주의 찬성 VS 반대

사회주의 찬성

1   사회주의는 생산수단이 개인 소유가 아닌 공공재이다. 따라서 생산수단은 사회 구성원 모두의 복리를 위해 활용된다. 경제계획에 의해 생산이 이루어지며 맹목적인 이윤 추구로 인한 비인간적 폐해가 근절된다.

2   사회 구성원 누구나 안정적인 일자리를 가질 수 있어 완전고용이 달성되며, 극심한 빈부격차가 사라져 높은 수준의 경제적 평등을 달성할 수 있다.

3   높은 수준의 복지사회를 건설하여 생계를 위한 노동에 시달리지 않게 된다. 직업에 귀천을 따지는 문화가 사라지고, 자신의 노동을 통해 사회에 기여한다는 자부심을 갖게 된다.

4   경제적 평등이 달성된 토대를 통해 땀 흘려 일하는 사람들이 사회와 정치의 주인이 되는 진정한 민주주의를 꽃피울 수 있다.

1   경제 활동을 통해 거대한 부를 축적할 가능성이 사라지면서, 경제의 비약적 발전을 가져올 창의력이 제대로 발휘되지 않으며 열심히 일할 동기부여도 되지 않는다. 결국 나태함을 불러일으켜 경제 발전의 정체 현상을 야기한다.

2   사회주의의 특징인 계획경제가 언제든지 돌발 상황이 발생할 수 있는 복잡한 현실사회에서 제대로 작동할지 의문이다.

3   계획경제의 특성상 경제계획을 수립하는 국가 경제 관료에게 권한이 집중될 수밖에 없으며, 이러한 상황은 관료주의의 경직성과 비민주성을 낳는다.

4   사회주의는 현실에서 소련과 동유럽의 몰락으로 이미 그 수명을 다했다. 사회주의가 옳다면 왜 그 국가들이 몰락하고 자본주의 시스템으로 바뀌었겠는가.

4부

**미래는
어디로 나아갈까?**

"

자본주의를 사랑하는 나소유예요.
물론 자본주의에 아무런 문제점이 없다고 생각하지는 않아요.
그러나 문제점은 하나하나 고쳐 나가면 되지 않을까요?
하고 싶은 이야기가 아직 많은데 마무리 발언이라니 아쉬워요.
제 마지막 이야기를 시작해 볼게요.

"

나소유 ▶

자본주의는 영원하다

　토론을 하면서 사회주의를 찬성하는 오평등의 의견이 꽤나 논리정연하다는 게 무척 흥미로웠습니다. 물론 저와 생각은 다르지만요. 또 쉽게 의견을 모으거나 결론 낼 수 있는 토론은 아니라는 점도 명확해지는 시간이었습니다.

　자본주의를 찬성하는 입장인 저도 자본주의 사회에서 빈부격차, 분배의 불평등 문제가 심각하다는 것은 부인할 수 없습니다. 불평등과 격차 문제가 심각해지면 사회가 불안정해지고 많은 사람이 좌절감을 느끼게 된다는 지적도 충분히 납득할 수 있고요. 하지만 인류 사회가 지나온 역사를 살펴보면, 사회의 규모가 커지고 어느 정도 발전된 문명을 이루면 빈부격차는 필연적이라고 할 만큼 어김없이 발생했습니다. 빈부격차 그 자체를 악이라고 규정한다면 인류는 문명사회로 진입한 이후 단 한 번도 선한 적이 없는 셈이지요. 사정이 이러한데 빈부격차 자체를 나쁘다고만 보는 것은 인류 역사 전체를 부정하는 게 됩니다. 그런 비판은 공허하고 허무할 뿐입니다.

평등보다 공정, 게임의 룰을 지켜라!

중요한 것은 평등이 아니라 공정입니다. 사람마다 능력도 다르고 재능도 다르고 관심사도 다르고 성격도 다른데, 왜 꼭 비슷한 경제 수준에 비슷한 방식으로 살아야 하나요? 그게 더 이상하지 않을까요? 획일적으로 평등을 강요해서는 부작용이 생길 수밖에 없습니다. 사회 구성원들이 공유하고 합의한 게임의 법칙이 있다면 그것을 존중해야 합니다. 불법이나 편법을 저지르지 않고 누구에게나 보편적으로 적용되는 게임의 법칙을 지키면서 자신의 능력을 발휘해 거대한 부를 쌓았는데, 그게 왜 문제가 될까요? 우리에게는 공동체가 공감대를 형성하고 합의한 자본주의라는 게임의 법칙이 있습니다. 인류 역사의 발전 과정에서 도출된 법칙이고, 대다수 나라에서 채택하고 있습니다. 그렇다면 그 법칙을 존중해야지요. 게임의 법칙을 잘 활용해 거대한 부를 축적했는데, 부자가 됐다는 이유만으로 유독 더 많은 헌신과 기여, 사회적 책임을 요구받는다면 그것도 부당한 일이라고 생각합니다.

진짜로 중요한 것은 자본주의 사회에서 도태되지 않고 잘 적응할 수 있는 능력을 키워 주는 것입니다. 그러기 위해서는 어릴 때부터 자본주의 사회에서 생존할 수 있는 게임의 법칙을 제대로 교육해야겠지요. 게임에서 졌다고 징징대며 승리한 사람한테 무조건 내놓으라고만 한다면, 그거야말로 게임판을 흐려 놓는 행동이 아닐까요? 냉정하게 들릴 수도 있겠지만 게임의 법칙을 제대로 숙지하지 않고 나태하게 살았다면 뒤처지는 것은 당연한 거라고 생각합니다.

사회가 합의하고 공유한 게임의 법칙은 존중받아야 합니다. 그런 맥락에서 자유시장경제의 질서를 깨는 불법 및 탈법적 행위에는 엄격하게 대처해야겠지요. 자유시장경제의 핵심 원칙은 시장 참여자들의 자유롭고 공정한 경쟁에 있는데, 대기업들이 자신의 독점적 지위를 이용해 자유시장경제의 원칙을 깨고 중소기업과 소비자들을 기만하는 행위를 합니다. 이런 건 불공정행위입니다. 제가 자본주의에 찬성한다고 해서 재벌들의 이런 행위가 옳다고 생각하지는 않습니다. 재벌이 중소기업에게 갑질을 하고 소비자를 우롱하는 행태가 뉴스에 많이 보도되고 있습니다. 재벌들이 이런 짓을 하면 제대로 처벌하여 자유시장경제의 기강을 세워야 한다고 생각합니다. 우리나라 공정거래위원회가 바로 그런 일을 하는 기관인데, 제대로 역할을 하고 있는지 모르겠네요.

능력과 노력의 차이, 그리고 자유롭고 공정한 경쟁을 통해서 형성된 빈부격차에 대해서는 존중하되, 경쟁에서 뒤처지거나 패배했다고 해서 기본적인 생활조차 어려워지는 상황은 바람직하지 않습니다. 그런 가혹한 환경은 자유시장경제가 활성화되는 데에도 바람직하지 않고요. 실패로부터 교훈을 얻고 재기해서 다시 도전할 수 있도록 국가와 사회 공동체가 도와줄 필요가 있습니다. 그렇게 자본주의 경쟁이 원활하고 활력 있게 이루어질 수 있도록 도와주는 정도의 복지제도는 저도 필요하다고 생각합니다. 하지만 과도한 복지제도는 오히려 근로 의욕을 떨어

무임승차

문자적으로는 차비를 내지 않고 차를 타는 것을 의미하지만, 아무런 사회적 기여 없이 복지 정책의 혜택만 누리는 이들을 비판할 때 사용하는 용어.

뜨리고 타인의 성실함과 노력에 무임승차*하는 사람들을 양산하게 될 거라고 생각합니다.

마찬가지로 교육이나 의료 같은 부문도 공공성 위주로 국가에서 운영하는 것은 별로 바람직하지 않습니다. 교육과 의료 서비스를 국가에서 획일화된 방식으로 제공하면 다양하고 차별화된 교육 서비스와 의료 서비스를 원하는 사람들의 요구를 만족시킬 수 없습니다. 추가로 돈을 지불하고서라도 더 나은 교육이나 의료 서비스를 받고 싶은 사람도 있으니까요. 교육과 의료 부문을 민영화하면 정부의 규제로부터 자유로워져서 소비자가 다양한 교육과 질 높은 의료 서비스를 선택하고 누릴 수 있게 됩니다.

'4차산업혁명'이라는 이야기가 나올 정도로 급변하는 세상에서 교육과 의료 서비스가 국가라는 경직된 조직에 의해서만 통제되고 운영되면 도태합니다. 교육과 의료뿐만 아니라 정부가 담당하는 더 많은 공공부문을 민영화해서 불필요한 규제를 풀고 효율적으로 운용할 수 있도록 해야 합니다. 그렇게 공공부문을 축소해 나가면서 비효율적이고 경직된 정부 조직을 줄이고 시장의 효율성에 맡겨야 합니다. 정부는 국민의 세금으로 운영되는데, 국민의 세금이 비효율적인 거대 관료조직을 먹여 살리는 데에 낭비되어서는 안 되니까요. 그렇게 낭비되는 세금을 줄여서 효율적인 시장에서 투자자금으로 쓰이도록 유도하는 게 낫습니다.

자본주의를 비판하는 이들은 자본주의가 돈을 섬기며 인간을 수단화한다고 비판합니다. 인간성을 파괴하고 모든 것을 메마른 금전 관계로 바꾼다고요. 그러면 자본주의 이전의 사회는 어땠나요? 서양이든 동양이든 신분을 나눠 사람을 차별하던 사회였습니다. 아무리 똑똑하고 성실해도 신분이 천하면 사람들로부터 제대로 된 존중과 대접을 받을 수 없었지요. 신분이 높은 귀족이나 양반만 대접을 받았습니다. 지금 생각하면 참 불합리한 일이지요. 사람이 자신의 노력과 성취로 인정받는 것이 아니라, 출생 신분으로 차별을 받았으니까요.

자본주의 사회가 되면서 그 불합리한 신분제도는 어떻게 되었나요? 죄다 역사의 뒤안길로 사라졌습니다. 이제는 자본주의 게임의 법칙에 잘 적응해서 열심히 돈을 벌어 부를 축적하면 사회에서 인정받고 남들이 부러워하는 사람이 될 수 있습니다. 좋은 대접을 받고 싶으면 내 돈 내고 근사한 서비스를 제공하는 호텔이나 리조트를 이용하면 됩니다. 그들은 내 집안이나 신분을 따지지 않습니다. 정확하게 내가 돈을 지불한

만큼 서비스를 제공합니다. 이 얼마나 쿨한 관계입니까. 내가 번 돈은 나의 노력과 성취를 의미합니다. 그에 비례해 대접을 받을 수 있으니 이거야말로 공정하다고 할 수 있지 않을까요?

돈이 곧 진심입니다. 번지르르한 말로 상대에게 고맙다고 하는 것보다, 상대에게 돈으로 감사의 표시를 하는 것이 더 성의 있다고 생각합니다. 말이란 건 성대의 울림으로 일어난 공기의 진동 정도의 일이지만, 내 돈을 준다는 것은 그 돈을 벌기 위해 들인 수고의 일부를 전하는 것이니까요. 금전 관계를 천하게 여기는 사람들이야말로 오히려 내숭 떨고 솔직하지 못하다고 생각해요. 그렇게 돈이 혐오스럽고 천하다면 저에게 다 주세요. 제가 잘 쓸 테니까요. 아마 여기 있는 누구도 안 주겠지요? 저는 오히려 자본주의가 인간관계를 좀 더 솔직하고 순수하게 만든다는 생각이 듭니다. 내숭 떨 필요가 전혀 없으니까요.

흐르는 강물은 거꾸로 거슬러 오르지 않는다

자본주의를 비판하는 사람들은 자유방임 자본주의가 수요

와 공급에 큰 불일치를 만들어 주기적으로 경제위기와 공황을 낳는다고 주장합니다. 시장의 '보이지 않는 손'이 가격을 통해 수요와 공급을 성공적으로 조절한다는 이야기는 허구라는 것이지요. 백번 양보해서 그들의 말이 맞는다고 합시다. 그래서 지금 자본주의가 망했나요? 1929년 미국에서 시작된 세계대공황* 이후에도 자본주의는 끊임없는 발전을 통해 엄청난 물질적, 기술적 성장과 풍요를 누리고 있습니다. 한국 사회도 1997년 IMF 외환위기 이후에 망했나요? 더욱 발전한 사회에 살고 있잖아요. 일시적인 요인으로 경제 발전에 제동이 걸릴 수도 있고, 후퇴 국면에 접어들 수도 있습니다. 하지만 긴 호흡에서 보면 자본주의는 역사상 그 어떤 체제보다도 성공적으로 인류 사회에 번영을 제공하고 있습니다.

오히려 정부가 시장경제에 어설프게 개입하면서 경제에 혼란과 큰 부담을 주는 경우가 많습니다. 경제 부문은 경제의 논리로 돌아갈 수 있도록 놔둬야 하는데, 선거철만 되면 무책임한 포퓰리즘* 정책을 펼칩니다. 경제에 정치 논리가 개입되는 것이지

세계대공황

1929년 미국의 주식시장 폭락을 신호탄으로 전 세계로 퍼진 역사상 최대 최악의 경제 침체.

포퓰리즘

대중의 견해와 바람을 대변하고자 하는 정치사상 및 활동. 하지만 일반적으로 대중의 인기에만 영합하는 무책임한 정치를 비판할 때 사용하는 용어.

요. 수많은 선심성 공약, 인기에 영합하는 정책들은 나라 경제에 부담을 주고 시장 시스템을 왜곡시킵니다. 가만 놔두면 시장의 수요 – 공급 조절 기능에 의해서 잘 돌아갈 텐데, 정부가 인기 영합 정책으로 시장을 교란하는 것이지요. 낙후되고 시대에 뒤떨어져 구조조정이 필요한 산업 분야임에도 불구하고, 구조조정에 반대하는 세력들의 눈치를 보느라 차일피일 미룹니다. 그럴수록 낭비와 비효율이 쌓여 가고요.

시장의 메커니즘을 존중하지 않고 무시하면 결국 시장이 우리에게 반격을 가합니다. 그런 것이 쌓이고 쌓여서 경제위기로 이어지는 것이라고 생각합니다. 거듭 말하지만 물은 위에서 아래로 흐르는 게 정상인데, 자꾸 억지로 아래에서 위로 올리려고 하니까 결국 그 물이 한꺼번에 쏟아져 내리는 것이지요. 시의적절한 구조조정, 그리고 시장에 대한 존중이 경제 시스템을 건강하고 활력 넘치게 만듭니다. 경제는 경제 논리에, 정치는 정치 논리에 맡겨 서로의 영역을 존중합시다. 기업인들이 자유롭게 활동하도록 공정한 판을 깔아 주면 사실 경제는 알아서 잘 굴러갑니다. 정치인들이 자꾸 경제에 개입하니까 오히려 문제가 발생하는 거예요.

자본주의는 자유를 추구하는 시스템입니다. 내가 소유한

부를 사용하는 것을 다른 누군가가 규제하고 통제한다면 그건 자유로운 사회라고 할 수 없습니다. 국가가 나서서 돈 많은 개인에게 여기 투자해라, 저기 투자해라 일일이 간섭했다면 페이스북, 아마존, 마이크로소프트 같은 혁신적 기술과 상품이 개발될 수 있었을까요? 부를 소유한 사람이 그 부를 자유롭게 사용할 수 있도록 최대한 보장하는 사회에서 혁신이 탄생할 수 있습니다. 그런데 자본주의 사회의 자유는 사실상 돈을 많이 가진 사람들만이 누릴 수 있는 자유라고 비판합니다. 물론 돈이 많으면 남들보다 할 수 있는 것이 많겠지요. 가진 돈이 적다면 당장 호구지책에 신경 써야 하니까요.

하지만 그렇게 돈이 많고 적다는 결과만을 놓고 판단하면 곤란합니다. 돈이 많은 사람이 그 돈을 벌기 위해서 아이디어를 내고 노력한 과정은 빼놓고 생각하는 거니까요. 아이디어를 실현하기 위해 위험을 감수하고 새로운 사업에 뛰어든 사람과, 그저 하루하루 평범하게 살아온 사람에게 주어지는 보상의 크기가 다른 것은 당연한 것 아닐까요? 자본주의 사회에 대한 불만은 결국 성공한 부자에 대한 부러움과 시기심에서 나오는 경우가 많다고 봅니다. 그들이 부럽다면 그들처럼 아이디어를 내고 그것을 실행에 옮겨야지요.

저는 자본주의가 유토피아라고 이야기하려는 게 아닙니다. 인간이 완벽하지 않은데 어떻게 그 인간들이 모여서 사는 자본주의가 완벽할 수 있을까요? 장점도 있고 단점도 있겠지요. 하지만 자본주의 시스템은 지금까지 인류 사회의 그 어떤 시스템보다도 더 많은 물질적 풍요와 기술적 발전을 가져왔습니다. 사람들은 자신이 이미 가진 것에 대해서는 간과하고 부족한 부분만 확대해서 보는 경향이 있습니다. 자본주의는 지금까지 충분히 성공적이었다고 생각합니다. 그리고 지금까지처럼 앞으로도 사회의 변화에 유연하게 적응하며 더욱 진화한 형태의 자본주의로 재탄생하리라 생각합니다.

기본소득, 자본주의 위기의 돌파구

4차산업혁명이 진행될수록 일자리가 없어져서 과연 지금의 경제 시스템이 유지될 수 있을지 회의감이 있다는 것은 알고 있습니다. 알다시피 시장에 공급된 상품을 구매하는 사람들은 대부분 노동자입니다. 아무리 부자들이 돈을 많이 쓴다고 해도 하루에 100끼를 먹을 수는 없으니까요. 노동자들이 시장에서 상품을 구입하는 데에 필요한 돈은 자신을 고용한 자본가로부터 임금을 받아서 취득합니다. 그런데 갈수록 인공지능과 로봇이 인간의 업무를 대체하고 있습니다. 생산, 유통, 판매의 현장에서 무인 자동화기기가 늘어나고 있습니다. 택배도 드론에 의해 대체되고, 자율주행이 머지않아 현실화될 것으로 보입니다. 인공지능이 비약적으로 발전해 구글 번역기의 성능이 획기적으로 향상되었으며, 이제는 의사의 진료행위나 변호사의 법률 서비스도 인공지능이 대체할 것이라는 예측도 나오고 있습니다.

이렇게 되면 임금을 받는 노동자의 수가 급격하게 감소하여, 시장에서 판매되는 물건을 구매할 능력이 있는 소비자층이 대폭 줄어듭니다. 기업이 재화와 서비스를 시장에 공급하는데 살 사람은 없는 것이지요. 이러한 추세는 자본주의 시스템에 전례 없는 충격과 도전으로 다가올 것입니다. 과연 자본주의 시스템으로 이 문제를 해결할 수 있을까요?

저는 최근에 많이 회자되고 있는 기본소득에 주목하고 있습니다. 국가가 국민에게 묻지도 따지지도 않고 정기적으로 일정한 돈을 지급하는 정책인데요. 국민에게 현금을 지급함으로써 기본적인 생활에 필요한 재화나 서비스를 시장에서 구매할 수 있도록 보조하는 것이지요. 4차산업혁명으로 인해 갈수록 줄어드는 일자리, 그로 인한 시장에서의 구매력 부족을 기본소득으로 메우는 정책입니다. 비효율적인 계획경제나 정부의 관료 시스템에 의존하지 않고, 단지 국민에게 현금을 지급함으로써 자본주의 시장경제 시스템을 그대로 유지하면서 문제를 해결하는 겁니다.

좀 더 급진적으로 생각해 볼까요? 의료나 교육 같은 공공부문도 전부 민영화하는 겁니다. 대신 정부가 국민에게 일괄적으로 기본소득을 제공하고, 국민은 기본소득을 이용해 쇼핑을 하듯 민간 기업이 제공하는 의료나 교육 서비스를 구매하는 것이지요. 서비스를 제공하는 민간 기업들도 시장의 경쟁 속에서 더욱 다양하고 차별화된 서비스를 제공하기 위해서 노력할 테고요. 기존에 정부가 제공하는 복지 서비스의 비효율성과 경직성을 시장의 효율성으로 극복할 수 있는 좋은 계기가 되지 않을까요? 향후 기본소득은 자본주의를 더 높은 단계로 발전시킬 수 있는 중요한 화두가 될 것입니다.

사회주의를 지지하고 옹호하는 오평등이에요.
역사는 더 나은 세상을 꿈꾸는 사람들에 의해 발전되어 왔어요.
미래의 주인인 우리가 새로운 세상을 꿈꾸는 것을
멈추지 않았으면 합니다.
제 마지막 이야기를 시작해 볼게요.

오평등 ▶

사회주의는 가능하다

　자본주의를 옹호하는 나소유의 마지막 발언 잘 들었습니
다. 나소유의 주장을 들으면서 적지 않은 사람들이 그 내용에
공감하고 동의하겠다는 생각이 들었습니다. 자본주의는 이미
눈앞에 펼쳐져 있는 구체적인 현실이니까요. 그와 반대로 사
회주의를 주장하는 것은 당장 눈앞에 보이지 않는 무언가를
이야기해야 하는 어려움이 있습니다. 구체적으로 보여 주면서
설명할 수 없다는 것이지요. 하지만 미래 사회는 지금의 자본
주의 시스템과는 많이 달라질 것입니다. 인류 사회를 돌아보
면 미래는 항상 현재와는 다른 모습이었으니까요. 우리는 역
사를 통해 그 사실을 알고 있습니다.

인류가 문명사회를 건설한 이후 그 어디에서나 빈부격차는 항상 존재했다는 말로 자본주의 시스템의 엄청난 빈부격차를 정당화할 수 있을까요? 나소유도 이미 이야기했듯이, 자본주의 시스템이 보편화되기 전에는 대부분의 인류 사회에 신분제가 존재했습니다. 자! 그러면 이전까지 신분제 사회였으니 자본주의 사회에서도 신분제를 유지해야 할까요? 아니지요. 사람을 신분으로 나누는 잘못된 제도를 없애는 것이 올바른 방향입니다. 자본주의 사회는 신분제를 폐지했으며 그래서 이전 사회와는 다른 모습을 갖추게 되었습니다. 그것이 바로 역사의 발전입니다.

사회주의는 역사 발전의 방향이다

전에 없던 새로운 시스템인 사회주의 사회는 자본주의나 그 이전의 사회와는 뚜렷한 차이점이 있어야 의미가 있지 않을까요? 이전 사회에서 빈부격차가 계속되었다고 미래에도 빈부격차가 계속되란 법은 없으니까요. 자본주의를 옹호하는 의견이 가진 오류는 자본주의 시스템을 마치 인류가 도달할

최종 목적지처럼 이야기한다는 데에 있습니다. 자본주의 이후의 사회는 없다는 식으로요. 자본주의를 옹호하는 이들의 주장은 지금 인류가 도달한 이 지점에서 인류 역사의 발전을 멈추자는 소리밖에 되지 않습니다. 조선 시대의 양반들, 서양 중세의 귀족들도 신분제 사회가 계속되기를 바랐겠지요. 자본주의를 옹호하고 지키려는 것은 신분제를 유지하자는 이야기와 본질적으로 다르지 않습니다.

빈부격차 없는 평등한 세상, 사람이 수단이 되지 않고 그 자체로서 존중받는 세상을 만들자고 하면 이상을 좇는 몽상가라고 핀잔을 듣습니다. 하지만 역사의 발전은 이런 공상이 현실화하는 과정이었습니다. 미국에서는 1920년이 되어서야 여성이 투표권을 얻었습니다. 그 전까지 여성 투표권*은 공상이었지요. 공상이 현실이 되기 위해서는 수많은 사람의 수고와 투쟁이 필요했습니다.

사회주의에 비판적인 이들은, 평등만 추구하다 보면 창의력이 감퇴하고 근로 의욕도 떨어지며 그로 인해 경제 발전 속도가 저하된다고 주장합니다. 우

여성 투표권

미국에서 여성은 1920년에 수정 헌법 제19조가 통과되면서 비로소 투표권을 법적으로 인정받을 수 있었다. 이 헌법은 성별이 다르다는 이유로 투표권이 부정되거나, 제한되지 아니한다고 명시했다.

리가 인생을 사는 궁극적 목적이 무엇일까요? 살아생전에 좀 더 많은 상품을 만들어서 팔고 기술을 더 빨리 발전시키는 걸까요? 코로나 사태로 인해 인간의 생산과 소비 활동이 위축되니까 그렇게 우리를 괴롭히던 황사와 미세먼지가 잦아들고 인간을 제외한 동식물의 생명력이 활기를 띠기 시작했다고 합니다. 이미 인류는 전 세계 인구의 생계를 해결하고도 남을 정도의 생산력을 갖고 있습니다. 그럼에도 불구하고 빈부격차는 과거 그 어느 때보다도 극심하며 이윤을 위한 무한 생산 경쟁으로 자원이 낭비되고 환경은 파괴되고 있습니다. 극소수 부자의 몫은 끊임없이 늘어나지만, 소상공인은 몰락하고 청년은 일자리를 구하지 못해 좌절합니다. 이렇게 소수를 위해 다수가 희생하는 시스템에 굳이 목을 매야 할 이유가 있을까요?

사회의 발전 정도를 GDP*로만 평가해서는 안 되며, 행복지수*라는 새로운 개념을 도입해 그 사회 구성원의 행복도를 평가해야 한다는 주장이 최근 주목받고 있습니다. 왜 그럴까요? 자본주의의 경제 발전이 이룬 물질적 성과는 놀라울지 모르지만, 오히려 사람들은 정신적으로 고립되고 결핍되고 있습니다. 지식은 날이 갈수록 늘어나지만 사람들의 마음은 차갑게 식고 있습니다. 머릿속 생각은 많지만 가슴으로 느끼는 것

GDP

국내총생산(Gross Domestic Product, GDP)은 한 나라의 영역 내에서 가계, 기업, 정부 등 모든 경제주체가 일정기간 동안 생산한 재화 및 서비스의 부가가치를 시장가격으로 평가하여 합산한 것으로, 여기에는 비거주자가 제공한 노동, 자본 등 생산요소에 의하여 창출된 것도 포함되어 있다.

GNP

국민총생산(Gross National Product, GNP)은 일정 기간 동안 한 나라의 국민이 국내외에서 새롭게 생산한 재화와 용역의 부가 가치 또는 최종재의 값을 화폐 단위로 합산한 것이다. 1934년 경제학자인 쿠즈네츠에 의하여 처음 제시된 이후 전 세계에서 국민 소득 수준을 나타내는 경제 지표로 사용되고 있다.

행복지수

국내총생산 등의 경제적 가치뿐 아니라 삶의 만족도, 미래에 대한 기대, 실업률, 자부심, 희망, 사랑 등 인간의 행복과 삶의 질을 포괄적으로 고려해서 측정하는 지표.

다양한 사회경제지표

우리 사회의 발전 정도, 무엇이 기준이 될까?

은 거의 없습니다. 경제 발전이 필요하지 않다는 것이 아닙니다. 그것을 위해 다른 것을 모조리 희생하는 분위기가 우려된다는 의미입니다.

우리 사회에서는 '평등'이 넘쳐서가 아니라 '평등'이 너무 모자라서 문제가 발생하고 있습니다. 사회주의 시스템은 그 모자란 부분을 채우고 더욱 인간애 넘치고 공동체 정신을 높일 수 있는 사회로 발전하는 데에 보탬이 될 수 있습니다. 그래야 경제 발전과 인간의 정신적 발전이 조화를 이룰 수 있습니다.

기술의 발전이 우리 사회를 더욱 풍요롭게 만든 것은 사실입니다. 하지만 4차산업혁명으로 인해 로봇, 인공지능이 노동자들의 일자리를 위협하고 많은 사람을 실업자로 만들 것이라는 우려 또한 큽니다. 사회를 물질적으로 풍요롭게 할 가능성과 수많은 사람을 실업자로 내몰 가능성, 이렇게 양면성이 존재하는 상황에서 우리는 기술의 발전을 어떠한 관점으로 바라봐야 할까요?

카를 마르크스는 『자본론』에서 러다이트 운동(Luddite Movement)의 예를 들어 기술에 대한 자신의 관점을 서술합니다. 영국에 기계가 처음 도입되었을 때 많은 숙련 노동자가 일자리를 잃었지요. 화가 난 숙련공들이 조직적으로 기계를 파괴하는 운동을 벌였는데, 이것이 그 유명한 러다이트 운동입니다. 마르크스는 숙련공들이 화가 난 것은 충분히 이해하지만, 분노를 표출할 대상을 잘못 짚었다고 지적합니다.

사실 기계 자체는 인류를 고통스럽고 단조로운 노동으로부터 해방시키는 좋은 수단이 될 수 있습니다. 기계가 인간의 노동을 대체하면 더 적게 일하면서도 더욱 풍요롭게 살 수 있으니까요. 하지만 기계를 자본가의 이윤 추구 도구로 사용하는 순간, 노동자는 오히려 기계의 부속품으로 전락해 단순반복 직무를 수행하게 됩니다. 더군다나 수많은 노동자가 기계에 밀려나 일자리를 잃지요. 마치 새로운 기술과 기계 때문에 일자리를 잃은 것처럼 보이지만 이것은 착시현상입니다. 만약 사회주의 시스템이었어도 이들이 일자리를 잃었을까요? 아닙니다. 사회주의에서는 새로운 기술과 기계를 이윤 추구의 목적으로 사용하지 않기 때문에, 새로운 기술과 기계가 도입되면 전체 노동자의 노동시간이 단축되고, 동시에 기술 발전의 성과를 누구나 골고루 누릴 수 있게 되었을 겁니다.

기계가 인간의 일자리를 빼앗고, 삶을 위기로 몰아넣는 이유는 바로 자본주의 시스템 때문입니다. 자본가는 이윤 추구가 지상목표이기 때문에 인건비를 아끼고 생산을 더욱 효율화하기 위해 새로운 기술과 기계를 도입합니다. 그래서 불필요한 인력을 자르고 남은 사람은 더욱 쥐어짭니다. 그 과정에서 이래저래 피해를 보는 이는 노동자고요. 그러한 이유로 마르크스는 기술의 발전이 문제가 아니라 기술이 이윤 추구를 위해 '자본주의적으로' 사용되는 것이 문제라고 날카롭게 지적했습니다. '사람 나고 돈 났지, 돈 나고 사람 났냐.'라는 말이 있습니다. 자본주의는 마치 돈이 목적이고 사람이 수단인 것처럼 돌아가는 시스템입니다. 반대로 사회주의는 사람이 먼저고 돈은 수단인 시스템이지요.

최근 일과 여가의 균형에 주목하는 분위기가 만들어지고 있습니다. 일하는 시간뿐만 아니라 휴식을 취하고 취미를 즐기는 시간도 중요하다는 인식이 널리 퍼지고 있는 것이지요. 그런데 여러분, 혹시 창의력, 도전정신, 성실성, 효율성 같은 가치가 여가나 취미와 연결되어 사용되는 것을 본 적 있나요? 창의력과 도전정신을 가지고 성실하면서도 효율적으로 취미를 즐겨라? 낯설고 어색하지요. 그런 단어들은 항상 업무와 연관되어서만, 다시 말해 이윤 추구라는 특정한 상황과 맞물려서만 중요하게 언급됩니다. 심지어는 휴식을 취하는 명분조차도 나중에 직장에서 더 일을 잘하기 위해서라고 말합니다.

일   여가

진정한 일과 여가의 균형이란 그런 것이 아닙니다. 기술이 발전하는 상황에 맞춰 노동자의 노동시간을 적절하게 단축하는 것입니다. 생계유지를 위해서 일해야 하는 시간은 점차 줄이고, 자아실현과 사회 활동, 취미, 여가 등에 소요되는 시간을 늘리는 것이지요. 그래야 인간의 삶이 더 풍요로워지지 않을까요? 자본주의를 옹호하는 이들은 사회주의 사회에서는 창의력이 떨어지고, 근로 의욕이 저하되며, 경제 성장이 지체된다고 말합니다. 그건 이윤을 추구하는 시간만을 의미 있게 보는 자본주의적 시각일 뿐입니다. 더욱 창의적으로 여가를 보내고 도전적으로 취미 활동을 하고 다양한 사회 활동에 성실하게 참여하며 인생을 '효율적으로' 영위할 수 있는 사회에서 인간은 더욱 행복할 것입니다. 그러한 사회는 이윤 추구가 최고의 목적인 자본주의보다는 사람 중심의 사회주의에서 실현 가능합니다.

사회주의식 계획경제는 현재진행형이다

나소유는 계획경제가 현실에서는 실현되기 어렵다고 지적

했습니다. 하지만 이미 자본주의 시스템에서도 무시할 수 없는 수준으로 경제계획이 시행되고 있습니다. 알다시피 정부는 매년 세금을 걷고 그 세금을 어디에 어떻게 사용할지 국가적 차원에서 예산을 계획하며, 그 계획에 의거해 집행합니다. 만약 경제계획이 비현실적이라면, 어떻게 현대 자본주의 사회에서 대부분의 정부가 세금을 걷고 그 세금을 경제계획에 따라 사용할까요? 경제가 계획적으로 운용될 수 없다는 주장은 사회주의는 무조건 잘못된 것, 계획경제는 무조건 틀린 것이라는 맹목적인 인식에서 나온 것은 아닐까요? 이미 자본주의 사회에서도 상당 수준의 경제계획이 수립되어 운용되고 있는데, 시장은 무조건 옳고 계획경제는 틀리다고만 한다면 그것은 눈앞의 현실을 부정하는 이야기일 뿐입니다.

복지 강국이라는 북유럽 국가의 경우, GDP의 50퍼센트가량을 세금으로 거둬 공공부문과 사회복지 재원으로 사용하고 있습니다. GDP라는 것이 한 해에 국가에서 창출한 부가가치의 총합이잖아요. 그해에 창출한 가치의 절반 정도를 세금으로 거둔 뒤 경제계획을 세워 사용하고 있단 말인데요. 이 정도면 사실상 자본주의와 사회주의를 혼합한 경제라고 봐도 되지 않을까요? 이윤 동기로만 굴러가는 시장에 경제를 맡기면 빈부격차가 심해지고 사회 갈등이 격화되기 때문에, 소위 선진국이라고 불리는 국가들은 세금을 많이 거둬서 공공부문을 통해 시장경제의 부작용을 막고 복지를 확충하고 있는 것입니다. 우리나라는 세금으로 거둬서 공공부문 및 복지에 활용하는 비율이 GDP의 20퍼센트 내외로, 여타 OECD 국가에 비해 많이 낮습니다. 현재 우리 사회에서 벌어지는 문제점을 개선하기 위해서는 자유시장경제를 더욱 활성화시키는 방향이 아니라, 부자에게 세금을 더 거둬서 계획경제의 영역을 더욱 넓혀야 하는 것이지요.

뿐만 아니라 통계, 회계, 인터넷, IT 분야 등의 비약적인 발전으로 더 높은 수준의 계획경제가 가능한 기술적 역량이 축적되고 있습니다. 국민의 의사를 실시간으로 수렴해 그에 맞춰 경제계획을 수립하고, 상황이 변하면 신속하게 관련 정보를 공유해 유연하게 계획을 조정할 수 있으며, 의사결정에 소요되는 시간과 비용을 극적으로 단축할 수 있습니다. 그렇기 때문에 예전에는 계획경제가 비현실적이었을지 몰라도 지금은 사회적 합의와 의지만 있다면 충분히 가능하다고 생각합니다.

사회주의만이 진정한 민주주의를 실현할 수 있다

국가 관료에게 권한이 집중되는 문제도 참여 민주주의를 통해 얼마든지 극복할 수 있습니다. 선출된 의원이나 국가 기관의 관료만이 입법, 행정, 사법을 주도하는 것이 아니라, 시민이 공개된 정보를 통해 국가기관의 일처리를 감시하며, 참여예산제*, 국민발안제*, 배심제* 등을 통해 입법, 행정, 사법에 대한 참여도를 높이는 추세에 있습니다. 물론 여전히 부족하고 미약한 수준이지만 앞으로 이러한 참여 민주주의의 추세가 강화되면 선출된 의원이나 관료들은 더욱 책임감을 가지고 국민의 공복으로서 업무에 임할 것입니다. IT 기술의 발전이 참여 민주주의와 결합하면 엄청난 시너지 효과를 낳을 수도 있고요. 청와대 국민청원 게시판이 가지는 엄청난 파급력과 위력을 보면 그 가능성은 앞으로 무궁무진합니다.

기왕 민주주의 이야기가 나왔으니, 이참에 민주주의의 의미에 대해서 진지하게 생각해 볼 필요가 있습니다. 다들 우리 사회가 좀 더 민주적이기를 원하

참여예산제
중앙정부 혹은 지방자치단체 예산 편성에 주민이 직접 참여할 수 있도록 한 제도.

국민발안제
국민이 직접 헌법 개정안이나 중요한 법률안을 제출할 수 있는 제도.

배심제
법률 전문가가 아닌 사회인사(배심원)들이 재판 또는 기소에 참여하여 사실 문제에 관한 평결을 하는 제도.

잖아요. 민(民)이 주인이 되는 것, 그게 민주주의(民主主義)입니다. 그렇다면, 민(民)이 주인이 된다는 건 구체적으로 어떤 것일까요? 학자들은 민주주의를 이야기하면서 다당제, 언론의 자유, 집회 결사의 자유, 국민투표, 지방자치 같은 것들을 언급하지만, 과연 그런 제도나 형식이 민주주의의 본질일까요? 투표로 뽑힌 대통령이 국민을 무시하고 탄압하는 경우는 너무나 흔하지요. 하지만 어쨌든 국민이 뽑았으니까 그런 상황도 민주주의적인 걸까요?

사회의 주인은 그 사회에서 '권력'을 가진 사람입니다. 예를 들어 노예제 사회의 주인은 노예주지요. 노예주 계급이 권력을 갖고 있기 때문입니다. 구체적으로 이야기하자면, 생산수단(경제권력)과 국가주권(정치권력)을 갖고 있기 때문에 주인인 겁니다. 노예주 계급은 토지나 노예를 소유하고 그것을 활용해 생산을 통제할 수 있는 경제권력이 있습니다. 예를 들어 로마(노예제 사회)에서 국가를 운영하는 원로원(정치권력)의 구성원은 대부분 노예주 계급(경제권력)입니다. 원로원이 정치와 경제를 주무를 힘이 있으니 그들이 주인인 것이지요.

봉건제 사회의 주인은 지주 계급입니다. 그들이 생산수단과 국가주권을 틀어쥐고 있으니까요. 자본주의 사회의 주인은

자본가 계급입니다. 자본가 계급이 생산수단을 소유하고 있으며, 국가의 입법, 행정, 사법 시스템 역시 자본가 계급의 영향력이 크니까요. 정부 관료, 국회의원, 법관을 보면 대부분 돈 많은 사람과 친하지, 노동자와 친하지는 않잖아요. 그런 맥락에서 보았을 때, 민(民)이 생산수단과 국가주권에 대한 영향력을 갖고 있어야 사회의 주인이 될 수 있습니다. 그래야 진정 민(民)이 주인 되는 사회, 즉 민주주의 사회가 되겠지요.

그러한 사회는, 생산수단을 사회적으로 공유하고 함께 생산한 것을 공평하고 평등하게 나누며 사회 구성원 누구나 정치적 의사결정 과정에 자유롭게 참여할 수 있는 사회주의 시스템에서만 가능하다고 생각합니다. 인류가 민주주의를 꽃피우고, 자연환경과 조화를 이루고, 과도한 업무에 치이지 않고, 여가를 즐기며 함께 어우러져 행복하게 살기 위해서는 더 많은 '자본주의'가 필요한 것이 아니라 더 많은 '사회주의'가 필요합니다.

사회주의는 그저 이상적일 뿐, 현실에서는 실패한 사회 시스템이라고 많이들 이야기합니다. 소련이나 동구권의 사회주의도 결국에는 망했으니까요. 그래요. 옛 소련이나 동구권 사회주의 국가는 이런저런 이유로 역사의 뒤안길로 사라졌습니다. 하지만 그렇다고 해서 우리가 발 딛고 사는 자본주의 사회의 모순이 사라진 건 아닙니다. 파괴적이고 주기적인 공황(경제위기)은 여전하고, 빈부격차는 날로 심해지고 있습니다. 지구의 미래를 고민하는 이들은 지금의 사회 시스템이 과연 지속 가능한지에 대해 의문을 표하고 있습니다.

사회의 변화는 생각보다 긴 호흡에서 이루어집니다. 중세 봉건제 사회가 자본주의 사회로 이행하는 과정도 단박에 이루어진 것은 아닙니다. 혁명을 지향하는 공화파가 승리해서 일순간 귀족을 몰아냈지만, 귀족 세력이 다시 반격에 나서서 공화파를 몰아내고 구체제가 회복되기도 했지요. 그렇게 오랜 시간 엎치락뒤치락하며 힘겨루기 과정을 겪다가 점차 자본주의로 이행한 것입니다. 사회주의는 기껏해야 100여 년 전인 1917년에 러시아에서 처음 인류사에 모습을 드러냈습니다. 자본주의와 사회주의의 대결은 여전히 현재진행형이고요. 미래가 어떤 방향으로 나아갈지는 아무도 모릅니다. 하지만 적어도 지금과 똑같지는 않으리라 생각합니다. 항상 변화하고 발전해 왔으니까요. 우리의 미래가 지금보다 더 나아지기 위해서는 우리에게 더 많은 사회주의가 필요하다고 생각합니다.

영원한 자본주의 VS 가능한 사회주의

자본주의의 전망

1   경제적 평등보다 중요한 것은 공정함이다. 자본주의 경제 교육을 강화해서 경제 시스템의 생리에 적응해 지혜롭고 현명하게 대처할 수 있는 능력을 키울 필요가 있다. 공정한 경제 시스템을 위해 재벌의 횡포와 전횡을 규제할 필요가 있다.

2   정부가 담당하는 공공부문을 축소하고 민영화하여 시장경제를 더욱 활성화하는 동시에, 세금을 줄여서 기업이 생산적인 부문에 투자하도록 유도할 필요가 있다.

3   경제공황은 시장의 '보이지 않는 손'이 실패하는 것이 아니라, 정부가 경제에 과도하게 개입해서 발생하는 현상이다. 정치인들이 시장경제에 과도하게 개입하지 않아야 한다. 그리고 부를 축적한 사람의 능력과 노력을 존중할 필요가 있다.

4   4차산업혁명이라 불릴 만큼 자동화기계와 인공지능이 인간을 대체하는 상황이다. 이런 상황에서 자본주의 시스템을 유지하고 더욱 발전하기 위해서는 기본소득제도를 검토할 만하다.

사회주의의 전망

1 엄청난 빈부격차, 과도한 노동착취, 무분별한 환경파괴 등의 부작용을 계속 용인하면서 자본주의를 유지해야 할 이유는 없다. 우리에게는 평등이 넘쳐서 문제가 아니라, 너무 모자라서 문제다. 사회주의는 더욱 평등한 사회를 실현할 수 있는 제도다.

2 4차산업혁명이 문제가 되는 이유는, 기술의 발전이 자본가의 이익을 위해서만 사용되기 때문이다. 사회주의에서는 기술의 발전을 통해 노동시간을 단축하고 여가를 즐기며 행복하고 풍요롭게 살 수 있는 사회적 조건을 만들어 낸다.

3 이미 자본주의 사회에서도 국가가 세금을 거둬 경제계획을 통해 공공부문과 사회복지를 운용하고 있다. 계획경제가 비현실적이라는 주장은 지금 현재 벌어지고 있는 일을 비현실적이라고 얘기하는 것과 마찬가지다.

4 소수의 자본가에게 권력이 집중된 자본주의에서는 민주주의가 불가능하다. 생산수단을 공유하고 경제적 평등이 실현된 사회주의를 통해서만 민주주의를 실현할 수 있다. 현실 사회주의가 잠시 무너졌다고 인류의 역사가 멈추는 것은 아니다. 사회의 모순이 존재하는 한, 변화의 가능성은 언제나 존재한다.

자본주의 VS 사회주의, 그 열띤 토론을 마치며

어떤가요? 열띤 토론을 접하기 전에 막연히 떠올린 자본주의와 사회주의의 이미지, 그리고 나소유와 오평등의 치열한 공방을 감상한 이후의 생각이 비슷한가요? 정답이 존재하는 사지선다형 문제풀이에만 익숙한 친구라면 그래서 도대체 결론이 뭐냐고, 정답이 뭐냐고 따지듯 물을지도 모르겠습니다. 세상 일이 객관식 문제처럼 단순하다면 얼마나 편하겠습니까만, 현실에서 풀어내야 할 문제는 언제나 모범답안이 준비되어 있지 않은 주관식입니다. 문제의 진의만 제대로 이해해도 절반 이상의 성공인 경우가 많지요. 이 책을 쓴 저도 정답이 뭔지, 그것을 세상에 어떻게 구현해야 할지 지금도 여전히 고민하고 있습니다.

이쪽 말을 들으면 그 말이 맞는 것 같고, 저쪽 말을 들으면 또 그럴싸하게 들린다고요? 심지어 이 책을 쓴 저도 그렇습니다. 자본주의를 주장하는 나소유의 의견을 쓸 때 참 설득력 있는 논리라고 생각했는데, 사회주의를 주장하는 오평등의 의견을 쓰면서는 그 한마디 한마디에 진하게 감정이입이 되었으니까요. 세상만사 이런 경우가 참 많습니다.

인류 지성의 발전 과정은 명백한 진리로 여겨졌던 이론들이 시간의 흐름 속에서 한계와 오류를 드러내며 새로운 이론에 자리를 내어 주는 과정의 연속이었습니다. 그런 맥락에서 보면 지금 우리가 당연하다고 생각하는 지식이 미래에도 그러한 평가를 유지할지 의문입니다. 교과서나 참고서를 통해 얻는 지식을 정답인 양 곧이곧대로 받아들이기보다는 다양한 견해를 접하며 비판적으로 살펴볼 필요가 있는 이유입니다. 그렇다고 인류가 그동안 축적한 지식을 깡그리 부정하는 식의 태도는 바람직하지 않습니다. 아인슈타인이 상대성이론으로 뉴턴 역학의 한계와 오류를 뛰어넘을 수 있었던 것은, 누구 못지않게 뉴턴 역학을 제대로 이해했기 때문이니까요.

이 책을 읽는 것이 여러분의 인생 여정에서 조금이라도 기억에 남는 일이 된다면 저자로서 더한 기쁨이 없을 것입니다. 읽어 주셔서 감사합니다.